»Brannte uns nicht das Herz?«

# »Brannte uns nicht das Herz?«

## Dokumentation über die Veranstaltungen zur Vollendung der Einheitsübersetzung

Herausgegeben von
Josef G. Plöger und
Otto B. Knoch

Katholische Bibelanstalt Stuttgart

CIP-Kurztitelaufnahme der Deutschen Bibliothek

»Brannte uns nicht das Herz?«: Dokumentation über d. Veranstaltungen zur Vollendung d. Einheitsübers. / hrsg. von Josef G. Plöger u. Otto B. Knoch. – Stuttgart: Katholische Bibelanstalt, 1980.
ISBN 3-920609-23-9

NE: Plöger, Josef G. [Hrsg.]


ISBN 3-920609-23-9

© 1980 Katholische Bibelanstalt GmbH, Stuttgart
Gesamtherstellung: SV-Druck, 7302 Ostfildern 1

# Inhalt

# »Ein bedeutsames Ereignis«

Vollauf zu Recht wurde die Fertigstellung der Einheitsübersetzung ein bedeutsames Ereignis genannt, sowohl für die deutsche Sprache, für die Geschichte der Bibelübersetzung im deutschen Sprachgebiet wie auch für die christlichen Kirchen, vor allem die katholische. Darum wurde die Übersetzung des Neuen Testaments, die 1979 nach 18 Jahren Arbeit ihren Abschluß fand, am 1. Oktober 1979 in Bonn im Rahmen einer ökumenischen Feier der Öffentlichkeit vorgestellt. Der Termin war mit Rücksicht auf das Fest des heiligen Hieronymus, des Patrons der katholischen Bibelanstalt, am 30. September, und auf die Feier des Reformationsfestes, am 30. Oktober, gewählt worden. Die Verantwortlichen der beiden großen christlichen Kirchen in der Bundesrepublik Deutschland, Kardinal Joseph Höffner, der Vorsitzende der Deutschen Bischofskonferenz, und Landesbischof Eduard Lohse, der Vorsitzende des Rates der Evangelischen Kirche in Deutschland, wiesen dabei auf die Bedeutung dieses Ereignisses hin.
In Österreich folgten Kardinal Franz König und Weihbischof Alois Stöger, der Beauftragte für die Einheitsübersetzung, am 25. Oktober 1979 mit einer ähnlichen Veranstaltung in Wien.
Ende Mai 1980 konnten die ersten Exemplare der endgültigen Textausgabe des Alten Testaments, in der allerdings nur die Psalmen ökumenisch übersetzt sind, den Auftraggebern der Einheitsübersetzung überreicht werden.

Die neue Übersetzung fand in der Öffentlichkeit solch große Aufmerksamkeit, daß der Verwaltungsrat der Katholischen Bibelanstalt, Stuttgart, bei dem die Rechte an der Einheitsübersetzung liegen, beschloß, die Veranstaltung zum Abschluß der Einheitsübersetzung und die Reaktion der Öffentlichkeit darauf in einer eigenen Dokumentation festzuhalten. Der Titel derselben wurde gewählt im Anschluß an das Leitwort der Ökumenischen Feier im Münster zu Bonn am 1. Oktober 1979.
Möge diese Dokumentation ebenso wie jene zur Vorgeschichte der Einheitsübersetzung »Einheit im Wort« helfen, daß viele Menschen verständnisvoll nach dieser Übersetzung greifen und die alte, doch ewig junge Frohe Botschaft bereitwillig hören.

Köln/Stuttgart/Passau, den 1. Juni 1980

Dr. Josef G. Plöger
Weihbischof

Dr. Otto Knoch
Prälat, Professor

# I. DIE PRESSEMITTEILUNGEN

# 1. Die gemeinsame Presse- verlautbarung vom Juli 1979

## Die Endfassung der »Einheitsübersetzung der Heiligen Schrift« im Druck

*Ein Unternehmen mit großer kirchlicher und kultureller Bedeutung für den Bereich der deutschen Sprache in Europa steht vor der Vollendung.*

Die endgültige Textfassung der Einheitsübersetzung der Heiligen Schrift aus den Urtexten befindet sich im Satz. Das Neue Testament wird im Rahmen einer Pressekonferenz Anfang Oktober 1979 der Öffentlichkeit übergeben werden; bis Ende des Jahres 1979 soll auch das Alte Testament im Druck vorliegen.

### Die Vorgeschichte

1961 wies das Katholische Bibelwerk in Stuttgart durch eine Denkschrift darauf hin, daß nun die Zeit gekommen sei, für alle katholischen Christen deutschsprachiger Zunge in Europa eine einheitliche Bibelübersetzung aus den Urtexten in die Gegenwartssprache zu schaffen, bei der die neuen Methoden und Erkenntnisse der Bibelwissenschaft voll berücksichtigt werden. Die deutschen Bischöfe griffen den Vorschlag auf und beauftragten das Katholische Bibelwerk in Stuttgart, dieses Vorhaben vorzubereiten. Verantwortlich für die Durchführung waren die Bischöfe J. Freundorfer †, Augsburg; C. J. Leiprecht, Rottenburg, und E. Schick, Fulda; zuletzt noch Weihbischof J. Plöger, Köln, für das Alte Testament. Die Geschäftsführung lag in den Händen von Prof. O. Knoch, Passau.

### Das Konzil

Als das Zweite Vatikanische Konzil die Verwendung der Landessprache im Gottesdienst erlaubte und die Schaffung guter Bibelübersetzungen in die modernen Sprachen, wenn möglich durch ökumenische Zusammenarbeit, anregte, traten alle Bischöfe deutschsprachiger Gebiete in Europa dem Unternehmen bei, so die Bischöfe von Österreich, der Schweiz, Südtirol, Luxemburg, Lüttich; der Bischof von Straßburg sah die Übersetzung für die Verwendung im deutschsprachigen Gottesdienst vor.
Auch kam es zur Teilzusammenarbeit mit Vertretern der Evangelischen Kirche in Deutschland und dem Evangelischen Bibelwerk. Zunächst wurden die altkirchlichen Lesungen der Sonn- und Feiertage, die in beiden Kirchen verwendet wurden, gemeinsam übersetzt. Darüber hatten sich Kardinal Bea und Bischof Scharf, der damalige Vorsitzende des Rates der Evangelischen Kirche in Deutschland, verständigt. Später wurde die Erlaubnis auf die

Psalmen, das Markusevangelium und die Briefe an die Galater und die Römer ausgedehnt. Die Zusammenarbeit evangelischer und katholischer Bibelfachleute zeigte rasch, daß bei der Übersetzungsarbeit keine konfessionell trennenden Probleme auftauchten.

Da die Übersetzung auf katholischer Seite vor allem für die Verwendung in Gottesdienst und Schule bestimmt war, wurden außer Fachleuten der Bibelwissenschaft auch solche der Liturgik, Katechetik und der Kirchenmusik herangezogen. Außerdem arbeiteten von Anfang an Fachleute der deutschen Sprache mit, denn die Übersetzung sollte voll und ganz den Gesetzen und der Eigenart der gegenwärtigen deutschen Sprache entsprechen. Alle Textentwürfe durchliefen in der Regel drei bis fünf, zuweilen auch bis zu zwölf verschiedene Fassungen, bis sie zur Veröffentlichung freigegeben wurden.

## Erprobung und Revision

Schon ab 1964 fanden die vorläufigen Texte der Einheitsübersetzung Eingang in die neuen liturgischen Bücher. 1970/71 wurden erste Probetexte aus dem Alten und Neuen Testament veröffentlicht. 1972 erschien die vorläufige Endfassung des Neuen Testaments, 1974 die des Alten Testaments im Druck. In den Vorworten dieser Ausgaben wurden alle Urteilsfähigen um kritische Stellungnahme und um Verbesserungsvorschläge gebeten. Die beteiligten Bischöfe beauftragten außerdem Fachleute, umfassende und gründliche Gutachten zu der vorliegenden Übersetzung zu erstellen.
Die Aufnahme der neuen Übersetzung war überwiegend positiv, wenn auch kritische Einwände laut wurden, vor allem bei Stellen, wo liebgewonnene Formulierungen und Wortfassungen verändert worden waren.
Ab 1974 wurden Revisionskommissionen eingesetzt, welche die außergewöhnlich zahlreichen Stellungnahmen zu sichten und auszuwerten hatten. Außerdem wurde die Übersetzung noch einmal gründlich überarbeitet.
Zu Beginn der Revisionsarbeit wurde zwischen der Deutschen Bischofskonferenz und dem Rat der Evangelischen Kirche in Deutschland vereinbart, die Zusammenarbeit auf das ganze Neue Testament auszudehnen.

## Der historische Entscheid

Die sehr sorgfältige, zeitraubende Arbeit der Übersetzung des gesamten Bibeltextes fand zu Beginn des Jahres 1978 ihren Abschluß. Am 14. Februar 1978 beschloß die Deutsche Bischofskonferenz, »die jetzt vorliegende Übersetzung in den deutschen Diözesen als kirchenamtlichen Text einzuführen. Das bedeutet, daß er überall dort zu benützen ist, wo die Kirche die Heilige Schrift offiziell verwendet, also in Liturgie, Verkündigung und Schule«. Die übrigen am Unternehmen beteiligten katholischen Bischöfe stimmten dieser Entscheidung ebenfalls zu. Der Rat der Evangelischen Kirche in Deutschland und das Evangelische Bibelwerk »begrüßten die Fertigstellung der Einheitsübersetzung des Neuen Testaments – Ökumenischer Text. Dabei ging der Rat davon aus, daß dieses Neue Testament vor allem bei ökumenischen Veranstaltungen verwendet wird, da der offizielle Text in der evangelischen Kirche die revidierte Lutherbibel ist, und daß es darüber hinaus von zahlreichen evangelischen Gemeindegliedern und Gemeindegruppen gelesen wird, weil evangelische Christen weithin gewöhnt sind, neben der Lutherbibel auch andere Übersetzungen zu verwenden«.

Damit gelangte ein Unternehmen an sein Ziel, das in vielerlei Hinsicht als einmalig bezeichnet werden kann. Es ist die erste, von der katholischen Kirche in Auftrag gegebene, offizielle Übersetzung der ganzen Bibel aus den Urtexten in die deutsche Sprache; es ist die erste deutschsprachige Übersetzung, die von allen Bischöfen des deutschen Sprachgebiets offiziell gutgeheißen und für die kirchliche Verwendung vorgeschrieben ist; es ist die erste deutsche Bibelübersetzung, an der sowohl die katholische wie die evangelische Kirche offiziell mitgewirkt haben. Der erste Vertrag, der auf deutschem Boden zwischen beiden Kirchen seit der Reformation abgeschlossen wurde, betraf diese Übersetzung der Bibel. Und es ist ein einmaliger Vorgang, daß beide Kirchen sich in allen Punkten auf denselben deutschen Text der Übersetzung zu einigen vermochten, nachdem es bereits während der Arbeit gelungen war, sich auf eine einheitliche deutsche Wiedergabe der biblischen Namen und Begriffe festzulegen.

*Eine Übersetzung mit Einführungen und Anmerkungen*

Den Übersetzern und Mitarbeitern, seit 1962 über 100, wurde 1978 der Auftrag erteilt, Einführungen in die einzelnen biblischen Bücher und Anmerkungen zu schwer verständlichen Stellen zu schaffen. Auch diese Arbeit führte zu vollauf gemeinsamen Ergebnissen. Am 30. April 1979 stimmte der Ständige Rat der Deutschen Bischofskonferez der Annahme dieser Einleitungen und Anmerkungen zu. »Der Rat der Evangelischen Kirche in Deutschland nahm zur Kenntnis, daß die Anmerkungen nach Auffassung der mitarbeitenden evangelischen Exegeten für die evangelische Seite annehmbar sind.«

*Auswirkungen*

Es ist noch nicht abzusehen, was die Benützung derselben biblischen Texte für die Einigung der Christen im deutschen Sprachgebiet bedeutet; auch ist noch nicht zu ermessen, welche Bedeutung diese Übersetzung für alle haben wird, welche die deutsche Sprache in Europa sprechen. In beiden Bereichen dürfen die Auswirkungen aber nicht gering eingeschätzt werden.

Professor Dr. Otto Knoch, Stuttgart–Passau
Geschäftsführer der Einheitsübersetzung der Heiligen Schrift

# 2. Die Mitteilung im Evangelischen Pressedienst vom 29. August 1979

## Gottes Wort – gemeinsam
## Das neue Testament
## in ökumenischer Übersetzung

Am 1. Oktober wird in Bonn das neue Testament der Einheitsübersetzung – »Ökumenischer Text« der Presse vorgestellt. Von da an wird es in evangelischen und katholischen Buchhandlungen zum Verkauf ausliegen. Evangelische und katholische Zusammenarbeit beim Übersetzen der Bibel hat es schon manches Mal gegeben. Am Neuen Testament von Ulrich Wilkens und an der »Guten Nachricht« haben Katholiken mitgewirkt. Aber hier handelt es sich um eine offizielle von den Kirchenleitungen beschlossene Übersetzung, die beinahe von Anfang an gemeinsam erfolgte.

Beinah! Angefangen hat es auf katholischer Seite. Nachdem das Konzil die Verwendung des Urtextes bei der Übersetzung der Bibel gestattet hatte, beschloß die Deutsche Bischofskonferenz, eine neue Übersetzung zu schaffen, die für alle deutschsprachigen Diözesen gelten und der offizielle Text werden sollte. Das mit der Durchführung beauftragte Katholische Bibelwerk lud von vornherein die evangelische Seite zur Mitarbeit ein und wandte sich dazu an den damaligen Vorsitzenden des »Verbandes Evangelischer Bibelgesellschaften in Deutschland«, Prälat Theo Schlatter. Aber im Verband faßte man keinen Beschluß, und den Rat der EKD hat das Angebot nie erreicht. Erst nachdem die Übersetzung drei Jahre in Gang war, kam es im März 1965 zu einer ersten Begegnung zwischen dem Geschäftsführer des Katholischen Bibelanstalt, Professor Dr. Knoch, und dem zuständigen Referenten der Kirchenkanzlei. Dieser bemühte sich um die Zustimmung der EKD und des »Verbandes der Evangelischen Bibelgesellschaften« zu einer Zusammenarbeit mit den Katholiken. Der Verband war dafür. Sein Vorsitzender, inzwischen Vizepräsident, Professor D. Dr. Söhngen, hat sich energisch für eine gemeinsame Übersetzung eingesetzt. Aber der damalige Rat der EKD zauderte. Mit Mühe und nach langer Zeit gelang es, eine Zustimmung zur Übersetzung von 30 Psalmen und zu den Texten für Weihnachten, Ostern und Pfingsten zu erwirken. Zwei Jahre nach den ersten offiziellen Kontakten fand im März 1967 die erste Sitzung der Gemeinsamen Übersetzerkommission in Berlin statt.

Zwölf Jahre lang haben seither evangelische und katholische Exegeten an dieser Übersetzung gemeinsam gearbeitet, bei den Psalmen außerdem der evangelische Sprachwissenschaftler Professor Fritz Tschirch sowie liturgische Sachverständige. Von den ersten Entwürfen blieb kaum etwas erhalten, so daß man durchaus sagen kann, daß es sich hier um eine gemeinsame Übersetzung von Anfang handelt, auch wenn die katholische Seite zunächst allein gearbeitet hat. Das eng begrenzte Übersetzungsprogramm wurde ausgeweitet. 1971 erschienen die Psalmen (revidierte Fassung 1975), doch gab es über die Psalmen hinaus keine weitere Zusammenarbeit am Alten Testament.

Beim Neuen Testament wurde das Übersetzungsprogramm zunächst auf die Altkirchlichen Perikopen (veröffentlicht 1972), dann auf den Römer- und Galaterbrief ausgeweitet. 1972 erschien ein Probedruck des Neuen Testaments, in dem die Stellen, die ökumenisch übersetzt waren, gekennzeichnet wurden. Zahlreiche Stellungnahmen gingen dazu ein. Die Deutsche Bischofskonferenz gab deshalb eine Revision in Auftrag, an der die evangelische Seite nicht mehr nur teilweise, sondern ganz mitarbeitete, da der inzwischen neugewählte Rat unter Vorsitz von Landesbischof Claß die gemeinsame Übersetzung bejahte. Das Ergebnis ist das jetzt vorliegende Neue Testament.

Die Zusammenarbeit zwischen evangelischen und katholischen Übersetzern verlief so gut, wie dies wohl keiner der Beteiligten erwartet hatte. Natürlich wurde in den Sitzungen manchmal heftig diskutiert. Aber die Diskussionen und Meinungsverschiedenheiten waren nie durch ein konfessionelles Vorverständnis geprägt. Es zeigte sich in einem vorher nicht für möglich gehaltenen Ausmaß, wie sich die exegetischen Erkenntnisse der neutestamentlichen Forschung in beiden Kirchen durchgesetzt haben und wie stark das gemeinsame Forschen in der Schrift einander verbindet.

Aufgrund dieser guten Zusammenarbeit beim Übersetzen war es in der letzten Phase der Arbeit möglich, auch gemeinsame Einleitungen in die einzelnen Bücher des Neuen Testaments und gemeinsame Anmerkungen zu formulieren. Daran liegt der katholischen Seite viel. Auf evangelischer Seite bestand zunächst die Befürchtung, daß das »typisch Katholische«, das beim gemeinsamen Übersetzen nicht zutage getreten war, nun zum Vorschein kommen werde. Aber von wenigen Anmerkungen abgesehen, die die evangelische Seite anders formuliert hätte, wenn sie allein gewesen wäre, die aber tragbar sind, kam es auch dabei zu einem guten Ergebnis. Die Einleitungen und die Anmerkungen erleichtern dem Bibelleser das Verständnis.

Der Charakter der neuen Übersetzung ist moderne deutsche Hochsprache. Er liegt zwischen dem revidierten Neuen Testament der Lutherbibel von 1975 und der »Guten Nachricht«. Diese hält sich stark an Luthers Sprache und drückt sich daher nicht so modern und flüssig aus, wie man sich ohne die Bindung an Luther heute ausdrücken würde, jene neigt dazu, um der Verständlichkeit willen nicht genau zu übersetzen, sondern mancherlei Interpretationen Raum zu geben.

Das Neue Testament wird in der katholischen Kirche der offizielle Text sein, in der evangelischen nicht. Hier bleibt es beim Neuen Testament der Lutherbibel von 1975, die in allen Landeskirchen mit Ausnahme von Kurhessen-Waldeck und Württemberg empfohlen oder eingeführt ist. Aber in der evangelischen Kirche haben sich die Bibelleser nie danach gerichtet, was offiziell empfohlen, offiziell eingeführt oder gar unerwünscht war, sondern haben die Bibel gelesen, die sie für gut hielten. Insofern hat diese neue Übersetzung des Neuen Testaments eine große Bedeutung auch für evangelische Gemeinden. Konfessionsverschiedene Paare werden sich freuen, ein Neues Testament zu haben, das im Auftrag beider Kirchen erarbeitet und von ihnen angenommen wurde. Evangelische und katholische junge Christen, die immer weniger Verständnis für die Aufrechterhaltung der trennenden Unterschiede zwischen den Kirchen aufbringen, werden wahrscheinlich gern danach greifen.

Welche Bedeutung dieses Neue Testament hat, kommt in dem Brief zum Ausdruck, den Landesbischof Claß als Vorsitzender des Rates der EKD an Kardinal Höffner nach der Zustimmung des Rates geschrieben hat: »Die Tatsache, daß katholische und evangelische Christen nunmehr ein Neues Testament besitzen, das Exegeten beider Kirchen im offiziellen Auftrag übersetzt haben, kann nicht hoch genug veranschlagt werden. Mehr als einzelne gemeinsame Aktionen führt gemeinsames Hören auf das Wort der Schrift dazu, daß die getrennten Kirchen aufeinander zugehen, um einmal zusammenzufinden unter dem einen Herrn der Kirche, Jesus Christus. Die Ökumenische Übersetzung des Neuen Testaments leistet dazu einen wichtigen Beitrag.«

Wilhelm Gundert

# II. DIE EINLADUNGEN

# 1. Die Einladung an die Vertreter der Presse und der öffentlichen Medien zu den Veranstaltungen in Bonn

PRESSEDIENST DES
SEKRETARIATS DER DEUTSCHEN BISCHOFSKONFERENZ

Am 1. Oktober 1979 wird die neue Einheitsübersetzung der Heiligen Schrift der Öffentlichkeit übergeben. Aus diesem Anlaß werden der Vorsitzende der Deutschen Bischofskonferenz, Kardinal Joseph Höffner, und der Vorsitzende des Rates der Evangelischen Kirche in Deutschland, Landesbischof Eduard Lohse, bei einer

*Pressekonferenz am 1. Oktober 1979*
*um 11.00 Uhr im Restaurant Tulpenfeld, Heussallee 2–10*

auf die hohe Bedeutung dieses Werkes hinweisen und den Fragen der Journalisten zur Verfügung stehen.

Bei einer Pressekonferenz werden Exemplare der Einheitsübersetzung und eines Kommentarbandes verteilt.

Außer zu dieser Pressekonferenz sind die Vertreter der Medien herzlich zu folgenden Veranstaltungen eingeladen:

Ökumenischer Gottesdienst mit Kardinal Höffner und Landesbischof Lohse in der Münsterbasilika zu Bonn am 1. Oktober 1979, 9.30 Uhr.

Festveranstaltung im Restaurant Tulpenfeld am 1. Oktober 1979, 12.00 Uhr, mit Referaten von Prof. Dr. Otto Knoch/Passau und Prof. Dr. Dr. Söhngen/Berlin.

18

# 2. Die Einladungskarte

*»Brannte uns nicht das Herz,*
*als er uns den Sinn der Schrift erklärte?«* (Lk 24,32)

---

Der Vorsitzende der Deutschen Bischofskonferenz
      *Kardinal Joseph Höffner*
und
Der Vorsitzende des Rates der Evangelischen Kirche in Deutschland
      *Landesbischof Eduard Lohse*

geben sich die Ehre
zu den Veranstaltungen bei der Vollendung der Einheitsübersetzung der
Heiligen Schrift am Montag, dem 1. Oktober 1979, einzuladen.

## PROGRAMM

1. Oktober 1979

9.30 Uhr    in der Münsterbasilika zu Bonn
Ökumenischer Gottesdienst mit dem Vorsitzenden der Deutschen Bischofskonferenz, Kardinal Joseph Höffner, und dem Vorsitzenden des Rates der Evangelischen Kirche in Deutschland, Landesbischof Eduard Lohse

12.00 Uhr    im Restaurant Tulpenfeld, Heussallee 2–10 in Bonn
Festveranstaltung mit Ansprachen von Prof. Dr. Otto Knoch/Passau und Prof. Dr. Dr. Oskar Söhngen/Berlin

13.00 Uhr    im Restaurant Tulpenfeld
Gemeinsames Mittagessen

---

# III. DER ÖKUMENISCHE GOTTESDIENST

zur Feier der Vollendung der Einheitsübersetzung
der Heiligen Schrift am 1. Oktober 1979, 9.30 Uhr,
in der Münsterbasilika zu Bonn

Leitwort:

## »Brannte uns nicht das Herz, als er uns den Sinn der Schrift erklärte?«

(Lk 24,32)

*Die Träger des Gottesdienstes:*

Kardinal Joseph Höffner, Köln,
Vorsitzender der Deutschen Bischofskonferenz

Landesbischof Eduard Lohse, Hannover,
Vorsitzender des Rates der Evangelischen Kirche in der Bundesrepublik Deutschland

Erzbischof Guido del Mestri,
Apostolischer Nuntius in der Bundesrepublik Deutschland

Altbischof Dr. Carl Joseph Leiprecht, Rottenburg,
Erster Beauftragter der Dt. Bischofskonferenz für die Einheitsübersetzung

Bischof Dr. Eduard Schick, Fulda,
Beauftragter der Dt. Bischofskonferenz für die Einheitsübersetzung

Weihbischof Dr. Josef Plöger, Köln,
Beauftragter für die Revision des Alten Testaments

Oberkirchenrat Wilhelm Gundert, Hannover,
Beauftragter des Rates der Evangelischen Kirche für die Einheitsübersetzung

Prof. Dr. Otto Knoch, Stuttgart–Passau,
Geschäftsführer der Einheitsübersetzung, verantwortlich für den Text des Neuen Testaments

Professor Dr. Josef Scharbert, München,
verantwortlich für den Text des Alten Testaments

Professor Karl-Heinrich Hodes, Köln/Neuss,
Kantor

Josef Lammerz, Bonn,
Münsterorganist

PS: Der als weiterer evangelischer Teilnehmer vorgesehene Professor DDr. Oskar Söhngen, Berlin, früher Vorsitzender des Evangelischen Bibelwerks, konnte leider nicht teilnehmen.

*Teilnehmer:*

Neben den Mitarbeitern der Einheitsübersetzung und den zu den Abschluß-veranstaltungen geladenen Gästen (Kath. Bibelanstalt, Katholisches Bibelwerk, Evangelisches Bibelwerk, Kath. Weltvereinigung für das Bibelapostolat, Sekretariat der vereinigten Bibelgesellschaften, die Sekretäre des Österreichischen und des Schweizer Katholischen Bibelwerks, Vertreter von Presse, Funk und Fernsehen), katholische und evangelische Christen Bonns, die der Einladung zur Teilnahme in großer Zahl gefolgt waren.

# Der Gottesdienst

*Orgelspiel:* Praeludium e-Moll von Johann Sebastian Bach

*Einzug der Liturgen*

Eröffnungslied:

1. Wohl de - nen, die da wan - deln vor
nach sei - nem Wor - te han - deln und

Gott in Hei - lig - keit,
le - ben al - le - zeit.

Die recht von

Her - zen su - chen Gott und sei - ner Wei - sung

fol - gen, sind stets bei ihm in Gnad.

2. Lehr mich den Weg zum Leben, / führ mich nach deinem
Wort, / so will ich Zeugnis geben / von dir, mein Heil und
Hort. / Durch deinen Geist, Herr, stärke mich, / daß ich
dein Wort festhalte, / von Herzen fürchte dich.
3. Dein Wort, Herr, nicht vergehet; / es bleibet ewiglich, /
so weit der Himmel gehet, / der stets beweget sich. / Dein
Wahrheit bleibt zu aller Zeit / gleichwie der Grund der
Erde, / durch deine Hand bereit't.

T: nach Cornelius Becker 1602    M: Heinrich Schütz 1661

*Begrüßung:* Stadtdechant Prälat Walter Jansen

Verehrter Herr Kardinal, verehrter Herr Landesbischof, liebe Schwestern
und Brüder im Herrn!
Ein ganz besonderer Anlaß hat uns heute zu diesem ökumenischen Gottesdienst zusammengeführt.
Nach langen Jahren mühsamer Arbeit ist nun die erste ökumenische Übersetzung des Neuen Testaments im Auftrag beider Kirchen fertiggestellt. Die
Ausgabe des Neuen Testaments wird heute der Öffentlichkeit vorgestellt.
In diesem festlichen Gottesdienst wollen wir zuvor Gott, dem Herrn, danken, daß dieses Werk vollendet werden konnte. Der Heilige Geist, der die
langwierige und schwierige Arbeit begleitete und beseelte, möge auch diese
ökumenische Stunde des Gebetes und des Hörens auf das Wort Gottes durch
seine Gegenwart erfüllen.

*Liturgische Eröffnung:*

»Die Gnade Jesu Christi, des Herrn, die Liebe Gottes und die Gemeinschaft des Heiligen Geistes sei mit euch allen!«     (2 Kor 13,13)

*Antiphon* (Kantor/Gemeinde):

Denn das Wort des Herrn ist wahrhaftig,

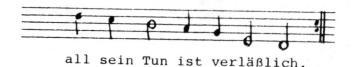

all sein Tun ist verläßlich.

Loblied auf den mächtigen und gütigen Gott

Kantor: Ihr Gerechten, jubelt vor dem Herrn; für die Frommen ziemt es sich, Gott zu loben.
Gemeinde: Preist den Herrn mit der Zither, spielt für ihn auf der zehnsaitigen Harfe!
Kantor: Singt ihm ein neues Lied, greift voll in die Saiten und jubelt laut!

Gemeinde: Antiphon »Denn das Wort des Herrn ...«

Kantor: Er liebt Gerechtigkeit und Recht, die Erde ist erfüllt von der Huld des Herrn.
Gemeinde: Durch das Wort des Herrn wurden die Himmel geschaffen, ihr ganzes Heer durch den Hauch seines Mundes.
Kantor: Wie in einem Schlauch faßt er das Wasser des Meeres, verschließt die Urflut in Kammern.
Gemeinde: Alle Welt fürchte den Herrn; vor ihm sollen alle beben, die den Erdkreis bewohnen.
Kantor: Denn der Herr sprach, und sogleich geschah es; er gebot, und alles war da.

Gemeinde: Antiphon »Denn das Wort des Herrn ...«

Kantor: Der Herr vereitelt die Beschlüsse der Heiden, er macht die Pläne der Völker zunichte.
Gemeinde: Der Ratschluß des Herrn bleibt ewig bestehen, die Pläne seines Herzens überdauern die Zeiten.
Kantor: Wohl dem Volk, dessen Gott der Herr ist, die Nation, die er sich zum Erbteil erwählt hat.

Gemeinde: Antiphon »Denn das Wort des Herrn ...«

*Evangelium:* Lukas 24,13–20. 25–32

Sprecher: Otto Knoch

»Am gleichen Tag waren zwei von den Jüngern auf dem Weg in ein Dorf namens Emmaus, das sechzig Stadien von Jerusalem entfernt ist. Sie sprachen miteinander über all das, was sich ereignet hatte. Während sie redeten und ihre Gedanken austauschten, kam Jesus hinzu und ging mit ihnen. Doch sie waren wie mit Blindheit geschlagen, so daß sie ihn nicht erkannten. Er fragte sie: ›Was sind das für Dinge, über die ihr auf eurem Weg miteinander redet?‹ Da blieben sie traurig stehen, und der eine von ihnen – er hieß Kleopas – antwortete ihm: ›Bist du so fremd in Jerusalem, daß du als einziger nicht weißt, was in diesen Tagen dort geschehen ist?‹ Er fragte sie: ›Was denn?‹ Sie antworteten ihm: ›Das mit Jesus aus Nazaret. Er war ein Prophet, mächtig in Wort und Tat vor Gott und dem ganzen Volk. Doch unsere Hohenpriester und Führer haben ihn zum Tod verurteilen und ans Kreuz schlagen lassen.‹ Da sagte er zu ihnen: ›Begreift ihr denn nicht? Wie schwer fällt es euch, alles zu glauben, was die Propheten gesagt haben. Mußte nicht der Messias all das erleiden, um so in seine Herrlichkeit zu gelangen?‹ Und er legte ihnen dar, ausgehend von Mose und allen Propheten, was in der gesamten Schrift über ihn geschrieben steht. So erreichten sie das Dorf, zu dem sie unterwegs waren. Jesus tat, als wolle er weitergehen, aber sie drängten ihn und sagten: ›Bleib doch bei uns; denn es wird bald Abend, der Tag hat sich schon geneigt.‹ Da ging er mit hinein, um bei ihnen zu bleiben. Und als er mit ihnen bei Tisch war, nahm er das Brot, sprach den Lobpreis, brach das Brot und gab es ihnen. Da gingen ihnen die Augen auf, und sie erkannten ihn; dann sahen sie ihn nicht mehr. Und sie sagten zueinander: ›Brannte uns nicht das Herz in der Brust, als er unterwegs mit uns redete und uns den Sinn der Schrift erschloß?‹«

*Homilie:* Kardinal Joseph Höffner

»*Brannte uns nicht das Herz,*
*als er uns den Sinn der Schrift erschloß?*«

Verehrte Gäste!
Liebe Mitarbeiter der Einheitsübersetzung!
Liebe Christen!

I. »*Jesus legte ihnen dar* ..., *was in der ganzen Schrift über ihn geschrieben*
   *steht*« *(Lk 24,27)*

»Wir aber hofften, daß er es sei, der Israel retten werde« (Lk 24,21). Aus diesem traurigen und ratlosen Wort der beiden Männer, die nach Emmaus gingen, spricht die lähmende Enttäuschung, in die das Karfreitagsgeschehen die Jünger versetzt hatte. Dieses Furchtbare beherrschte ihr ganzes Denken und Fühlen. Deshalb redeten die beiden Jünger ungestüm auf den unbekannten Begleiter ein. Sie hatten nur ein Thema: »Das mit Jesus aus Nazaret« (Lk 24,19), den Propheten, der Großes getan hat vor Gott und allem Volk, den unsere Hohenpriester und Führer zum Tod verurteilt und ans Kreuz haben schlagen lassen.

Dann begann Jesus zu reden, und sie schwiegen. Er erschloß ihnen das Wort Gottes.

Wenn Gott zu uns redet, ist das erste, was wir tun müssen, das Aufhorchen, das Hören. Hören aber setzt Stille voraus. Wenn es um uns herum und in uns lärmt, hören wir die Stimme Gottes nicht. Gottes Stimme ist leise. Im Buch Ijob heißt es: »Ein Wort stahl sich zu mir. Mein Ohr vernahm nur ein Geflüster« (Ijob 4,12).

Unsere Zeit schweigt nicht. Sie redet und schreit, so daß selbst der Staat Maßnahmen zur Lärmbekämpfung ergreifen muß. Soeren Kierkegaard (gestorben 1855) hat gesagt: »Wenn ich ein Arzt wäre und mich jemand fragte: Was meinst du wohl, was getan werden sollte? – Ich würde antworten: ... Schaff Schweigen, hilf anderen zum Schweigen!«

Mit »Stille« meine ich die Stille des Ohres, des Mundes, des Herzens. Der heilige Franziskus von Assisi sagte zu seinen Brüdern: »Brüder, wohin wir auch gehen, wir haben immer unsere Zelle bei uns.« Der heilige Benedikt beginnt seine Ordensregel mit dem Wort: »Höre, mein Sohn, und neige das Ohr deines Herzens.«

Gewiß, das Hören ist heute für viele Menschen weniger reizvoll als das Schauen. Aber das vorschnelle Sich-ausliefern an das leibliche Auge führt nicht zur Tiefe.

Nur dem Hörenden erschließt sich das Wort Gottes. Die Heilige Schrift mahnt uns: »Ach, würdet ihr doch heute auf seine Stimme hören!« (Ps 95,7). Beim Propheten Amos heißt es: »Es werden Tage kommen – Wort Gottes, des Herrn –, da schicke ich den Hunger ins Land, aber nicht Hunger nach Brot, nicht Durst nach Wasser, sondern den Hunger danach, das Wort Gottes zu hören« (Amos 8,11). Jesus sagt: »Selig, die das Wort Gottes hören und es befolgen« (Lk 11,28).

Aber die Heilige Schrift warnt uns auch: »Ich habe dir zugeredet ..., du aber hast gesagt: Ich höre nicht!« (Jer 22,21). Es ist gefährlich, Gott zu überhören, und es wäre hochmütig, Gott mit Kritik und Vorwürfen zu verhören, ihn gleichsam ins Verhör zu nehmen und über ihn zu richten. Das Hören auf das

Wort Gottes ist ein hingebendes Aufhorchen, ein empfangendes Sich-Öffnen, das sich mit dem bloßen Hören des leiblichen Ohres nicht begnügt.

## II. »Brannte uns nicht das Herz!« (Lk 24,32)

Aus dem Hören des Wortes Gottes muß ein Gott-Gehören werden. Aber es geht uns oft wie den beiden Jüngern auf dem Weg nach Emmaus. Das unverständige, träge Herz findet den Weg zur Hingabe an den Herrn nur schwer (vgl. Lk 24,25). Jesus muß das Herz brennend und glühend machen (vgl. Lk 24,32). Die Kraft des Wortes Gottes muß uns ganz – bis in das Herz – durchdringen, wie die feurigen Zungen die Apostel am Pfingstfest durchdrungen haben.

Aber es muß das unverfälschte, unverkürzte Wort Gottes sein. Man sagt dem Wiesel nach, dieses kleine Raubtier vermöge ein Ei so geschickt auszuschlürfen, daß man meine, das leere Ei sei gar nicht leer. So könnte auch jemand versucht sein, das Wort Gottes auszuleeren. Dann blieben nur noch Worthülsen ohne Inhalt. Die heilige Hildegard, deren 800-Jahrfeier wir in diesen Tagen begangen haben, rief auf einer Predigtreise den Priestern von Köln zu: »Wenn ihr das verkündigt, was ihr selbst produziert, seid ihr Possenreißer. Mit solch leerem Getue verscheucht ihr bestenfalls im Sommer einige Fliegen«. »Wer sich selbst verkündigt«, sagte auch Kardinal Newman (1801-1890), »gleicht einem Possenreißer, der auf dem Marktplatz vor den Leuten seine Sprünge macht.«

## III. »Bleibe bei uns!« (Lk 24,29)

Jesus blieb bei den beiden Jüngern, und sie erkannten ihn, »als er das Brot brach« (Lk 24,35). Er blieb bei ihnen, und sie bei ihm.

Heute steht das Bleiben nicht hoch im Rang, eher schon das Fortschreiten, weg vom Bisherigen, gleich wohin. Wenn Jesus sagt »Bleibt!«, so meint er nicht irgendein Bleiben und Beharren. Er sagt vielmehr: »Bleibt in mir, bleibt in meiner Liebe«. Damit meint er nicht nur eine gesinnungsmäßige Verbundenheit mit ihm, sondern sein Innesein in uns und unser Innesein in ihm, so daß wir sagen dürfen: »Ich lebe, aber nicht mehr ich, sondern Christus lebt in mir« (Gal 2,20). Der heilige Paulus wiederholt in seinen Briefen 164mal das Wort »in Christus Jesus«, »im Herrn«, »in ihm«. Wer in der Kraft des Wortes Gottes in Christus lebt und bleibt, wird aus einem bloß wissenden zu einem weisen Menschen, und das ist mehr. Weisheit ist mehr als messerscharfer Verstand. Oft sind einfache Menschen weise, das heißt tief eingedrungen in das Verständnis des Wortes Gottes, obwohl sie keine Fachexegeten sind, während andere Menschen, die sehr viel wissen, im Verständnis des Wortes Gottes blind sein können. »Ich rate dir«, heißt es in der Geheimen Offenbarung, »kaufe von mir Salbe zum Bestreichen deiner Augen, damit du sehend wirst« (Offb 3,18). Selbst wenn wir sehr gut in der Heiligen Schrift Bescheid wüßten, dabei aber uns selbst, unser Herz, unsere Liebe draußen hielten, hätten wir das »Im-Herrn-bleiben« nicht erfaßt. Wer sich draußen hält, ist nicht beim Herrn. In den letzten Jahren haben sich Schriftauslegung, Glaubensverkündigung und Gottesdienst nicht selten zu einseitig an den kritisch alles hinterfragenden Verstand gewandt. Das ist eine Verkürzung des Menschen; denn zum ganzen Menschen gehört nicht nur der Verstand, sondern auch das Herz, das Gefühl, das Gemüt. Mit seinem Herzen glaubt, vertraut und liebt der Mensch.

*Orgelmeditation:* Johann Sebastian Bach: »Liebster Jesu wir sind hier, dich und dein Wort anzuhören«

*Orgelmeditation:* »Komm Heiliger Geist« (Josef Lammerz)

Kantor und Gemeinde:

### Hymnus Veni creator spiritus

E-ni, cre- á-tor Spí-ri-tus, mentes tu- ó-rum ví-si-ta,

imple su-pérna grá-ti- a quæ tu cre- ásti, pécto- ra.

Qui díceris Paráclitus,
donum Dei altíssimi,
fons vivus, ignis, cáritas
et spiritális únctio.

Tu septifórmis múnere,
dextræ Dei tu dígitus,
tu rite promíssum Patris,
sermóne ditans gúttura.

Accénde lumen sénsibus,
infúnde amórem córdibus,

infírma nostri córporis
virtúte firmans pérpeti.

Hostem repéllas lóngius
pacémque dones prótinus :
ductóre sic te prævio
vitémus omne nóxium.

Per te sciámus da Patrem
noscámus atque Fílium,
te utriúsque Spíritum
credámus omni témpore.
Amen.

*Ansprache:* Landesbischof Eduard Lohse

»*Das Wort des Herrn ist wahrhaftig,
all sein Tun ist verläßlich*« *(Psalm 33,4)*

Der Friede des Herrn sei mit uns allen.
Liebe Gemeinde!

Unsere Gedanken richten wir auf den Satz des Psalms, den wir eben mit dem Chor gesungen haben: »Denn das Wort des Herrn ist wahrhaftig, all sein Tun ist verläßlich«. Dieses Wort unseres Gottes bezeugt die heilige Schrift Alten und Neuen Testamentes. Dieses Wort möchte die ökumenische Einheitsübersetzung, die wir heute mit dankerfülltem Herzen der Öffentlichkeit übergeben, in unsere Zeit hineinsprechen, zu unseren Gemeinden bringen und in unsere Häuser hineintragen. Wir evangelischen Christen, die wir an dieser Übersetzung mitarbeiten konnten, danken unseren katholischen Brüdern, daß sie uns zu dieser gemeinsamen Aufgabe eingeladen und uns am Werk beteiligt haben, das in der Tat der ganzen Christenheit aufgetragen ist: das Wort unseres Gottes zu bezeugen, sein Lob anzustimmen und mit unseren Taten, so gut wir es denn vermögen, seine Barmherzigkeit zu preisen. Ihm, unserem Gott, dem Vater Jesu Christi, geben wir daher in dieser Stunde die Ehre. Er hat uns sein Wort anvertraut, damit wir es weitersagen dürfen und sollen.

Das Wort des Herrn – was ist sein Wort, und wo finden wir es? Der Psalmist macht uns darauf aufmerksam, daß Gottes Wort von allem Wort der Menschen grundlegend unterschieden ist. Denn sein Wort ist sein Tun, und seine Taten sind seine Worte. Am Anfang allen Seins sprach Gott sein Wort, und dadurch schuf er Himmel und Erde. Wenn Gott spricht, dann geschieht, was er sagt. Und wenn er handelt, dann sagt er sein gutes, helfendes, tröstendes und ermutigendes Wort. Sein Wort ist nicht wie das unsere Schall und Rauch. Sondern sein Wort ist Tat, es ist die Wahrheit – jene Wahrheit, auf die man sich unbedingt verlassen kann, weil sie aufdeckt, was vor unseren Augen verborgen ist oder ängstlich von uns versteckt wird.

Woher wir das wissen – so werden wir gefragt. Wie kann man denn wissen, daß das Wort des Herrn wahrhaftig und all sein Tun verläßlich ist? Nicht anders als so, daß wir uns der schaffenden und aufrichtenden, fragenden und rufenden Gewalt dieses seines Wortes aussetzen, es hören und dadurch erfahren, daß es wahr ist. Sein Wort ist Fleisch geworden, Mensch geworden in Christus, unserem Herrn. Dadurch ist seine Wahrheit unter uns getreten. Ihn preisen wir als unseren Herrn und bekennen ihn als die Wahrheit, die allezeit verläßlich ist – im Leben und im Sterben, auf den langen und mühsamen Wegen unserer Tage, in der Tiefe unserer Ratlosigkeit, aber auch auf den Höhen unserer Freude. Immer gilt es: »Das Wort des Herrn ist wahrhaftig, all sein Tun ist verläßlich.«

Einem verzagten Bruder seines Augustinerordens, Georg Spenlein in Memmingen, hat Martin Luther im Jahr 1516 – also noch vor den umwälzenden Ereignissen, die schließlich zu einem tiefen Riß in der Christenheit führten – in einem Trostbrief zu erklären versucht, warum Gottes Wort in der Tat alle Zeit wahr und verläßlich ist: »Lerne Christus, und zwar den Gekreuzigten. Lerne ihm singen und an dir selbst verzweifelnd zu ihm sagen: Herr Jesus, du bist meine Gerechtigkeit, ich aber bin deine Sünde; du hast das Meine an dich genommen, was du zuvor nicht warst, und mir gegeben, was ich zuvor nicht war... Denn Christus wohnt nur bei den Sündern. Darum stieg er vom Himmel herab, wo er bei den Gerechten wohnte, um nun auch bei Sündern zu wohnen. Diese Liebe bedenke unaufhörlich, so wirst du den süßesten Trost daran haben.«

Was Gottes Liebe, die er aller Welt in Christus zugewandt hat, für uns bedeutet, für die Erfüllung der uns gestellten Aufgaben und die Gestaltung unseres Lebens – das wollen wir Tag für Tag tiefer und besser zu begreifen suchen, indem wir sein Wort hören, bedenken und tun. Ist einst die Trennung in der Christenheit entstanden, weil man sich im Verständnis der Bibel voneinander unterschied, so dürfen wir in unserer Zeit die beglückende Erfahrung machen, daß katholische und evangelische Christen einander wieder begegnen, indem sie gemeinsam nach Gottes Wort fragen, die Bibel miteinander lesen und das Lob Gottes in Eintracht singen. Mit großer Dankbarkeit, mit Hoffnung und Zuversicht nehmen wir daher an diesem Tage die fertiggestellte Übersetzung des Neuen Testaments in die Hand. Denn wir sind miteinander dessen gewiß: »Das Wort des Herrn ist wahrhaftig, all sein Tun ist verläßlich.« Der barmherzige Gott schenke uns eine immer tiefer gegründete Erkenntnis seiner Wahrheit, damit wir seinem Wort gehorsam folgen, zueinander finden, vom anderen höher denken als von uns selbst und unseren Herrn über alle Dinge fürchten, lieben und vertrauen. Amen.

*Fürbitten*

Sprecher:   Bischof Carl Joseph Leiprecht (L)
            Oberkirchenrat Wilhelm Gundert (G)
            Professor Josef Scharbert (Sch)

Jeweils nach den Anrufungen (Kantor/Gemeinde):

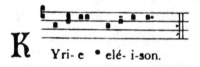

K  Yri- e • elé- i-son.

L:   Herr, unser Gott, Urgrund des Lebens und der Wahrheit, Du hast Dich selbst uns Menschen mitgeteilt in Deinem Wort, im Wort, das Du sprachst bei der Erschaffung der Welt; im Wort, das Du sprachst durch die Propheten und Diener des Wortes; im Wort, das Fleisch wurde in Deinem Sohn, Jesus Christus; im Wort, das Eingang fand in die Heilige Schrift.
     Wir danken Dir, ewige Weisheit und Güte, für Dein Wort, durch das Du uns Erkenntnis schenktest, Einsicht in die Wahrheit, Hoffnung, Kraft und Leben.
     Wir alle, die wir mitwirken durften am großen Werk der Übersetzung Deines Wortes in unsere deutsche Sprache, sind heute in Freude und Zuversicht vor Dir versammelt.

Sch: Du hast gesagt: »Der Mensch lebt nicht vom Brot, sondern von jedem Wort, das aus Deinem Munde kommt« (Mt 4,4) –
segne unser Werk, damit es vielen Menschen deutscher Sprache zum Wort der Wahrheit, zur Grundlage ihres Glaubens und Hoffens, zum Licht für ihren Lebensweg werde!

Kyrie

G: Du hast durch Deinen Sohn gesagt: »Der Geist ist es, der lebendig macht... Die Worte, die ich zu euch gesprochen habe, sind Geist und Leben« –
laß viele Menschen Gemeinschaft finden mit Dir, dem Ursprung und dem Ziel alles Lebens!

Kyrie

Sch: Du hast gesagt: »Der Himmel ist mein Thron und die Erde der Schemel meiner Füße... Aber ich blicke auf den, der erzittert vor meinem Wort« (Jes 66,2) –
öffne unser Herz, damit wir Dein Wort bereitwillig hören und Dir in Vertrauen und Liebe antworten!

Kyrie

G: Du hast durch Deinen Sohn gesagt: »Das ist das ewige Leben: Dich, den einzigen und wahren Gott zu erkennen und Jesus Christus, den Du gesandt hast« –
laß alle Menschen zur Erkenntnis des Glaubens und zur Einheit in der Liebe finden!

Kyrie

Sch: Du hast durch Deinen Sohn gesagt: »Meine Brüder sind alle, die Dein Wort hören und befolgen« (Lk 8,21) –
laß alle Christen eins werden im Hören auf Dein Wort!

Kyrie

G: Du hast durch den Apostel Paulus gesagt: »Das Wort des Evangeliums ist eine Macht Gottes und wird jeden retten, der glaubt« (Röm 1,16) –
laß die Mühe um die Übersetzung Deines Wortes allen, die an der Einheitsübersetzung mitgearbeitet haben, zum Heil gereichen!

Kyrie

L: Du hast durch Deinen Sohn gesagt: »Wer mein Wort hört und dem glaubt, der mich gesandt hat, der hat das ewige Leben, und er kommt nicht ins Gericht, sondern er ist aus dem Tod ins Leben hinübergegangen« (Joh 5,24) –
schenke allen toten Mitarbeitern der Einheitsübersetzung das ewige Leben in Fülle:

Joseph Freundorfer
Johannes Aengenvoort
Josef Blinzler
Kapistran Bott
Heinrich Bückers
Josef Dillersberger
Johann Michl
Karl Theodor Schäfer
Othmar Schilling
Heinrich Schlier
Josef Schmid
Josef Sint
Joseph Solzbacher

Theodor Schlatter
Fritz Tschirch
Herbert Goltzen

Kyrie

L: Gütiger Vater! In Gemeinschaft mit Deinem Sohn bitten wir: »Dein Wort ist Wahrheit. Heilige uns durch die Wahrheit.« Laß uns eins werden und eins sein im Hören auf Dein Wort. Laß Dein Wort sich ausbreiten in der Welt und Frieden stiften unter den Völkern. Und schenke uns allen, die Dein Wort hören, Deine Liebe und die Fülle des Lebens, durch Christus unsern Herrn! Amen.

*Vater unser:* Gemeinsam gesprochen.

*Segen:* Kardinal Höffner, Landesbischof Lohse (gemeinsam)

»Der Herr segne euch und behüte euch;
der Herr lasse sein Angesicht über euch leuchten und sei euch gnädig;
er wende euch sein Antlitz zu und schenke euch seinen Frieden!« (Num 6,24–26)

Gemeinde: Amen.

»Das gewähre euch der dreieinige Gott, der Vater und der Sohn und der Heilige Geist.«

Gemeinde: Amen.

*Schlußlied:*

1. Nun dan-ket al-le Gott mit Her-zen,
der gro-ße Din-ge tut an uns und
Mund und Hän-den,
al-len En-den,
der uns von Mut-ter-
leib und Kin-des-bei-nen an un-
zäh-lig viel zu-gut bis hie-her hat ge-tan.

2. Der ewigreiche Gott / woll uns in unserm Leben / ein immer fröhlich Herz / und edlen Frieden geben / und uns in seiner Gnad / erhalten fort und fort / und uns aus aller Not / erlösen hier und dort.

3. Lob, Ehr und Preis sei Gott / dem Vater und dem Sohne / und Gott dem Heilgen Geist / im höchsten Himmelsthrone, / ihm, dem dreieinen Gott, / wie es im Anfang war / und ist und bleiben wird, / so jetzt und immerdar.

T und M: Martin Rinckart 1636
(Melodiefassung nach Johann Crüger 1647)

*Festliches Orgelspiel:* Louis Vierne, Marche épiscopale

*Auszug der Liturgen*

Nach dem Gottesdienst trugen sich die Teilnehmer an der Liturgie in das Gästebuch des Münsterpfarramts ein.

# IV. DIE PRESSEKONFERENZ
   IN BONN

Von links: Landesbischof Lohse – Kardinal Höffner

Zur Pressekonferenz hatten Kardinal Höffner und Landesbischof Lohse eingeladen: die Vorbereitung und Durchführung lag in den Händen der Pressestelle des Sekretariats der Deutschen Bischofskonferenz, näherhin bei Herrn Oskar Neisinger.

Von seiten der Veranstalter nahmen daran teil:

Kardinal Höffner,
Landesbischof Lohse,
Bischof Leiprecht,
Bischof Schick,
Weihbischof Plöger,
Weihbischof Tewes,
Oberkirchenrat Gundert,
Professor Knoch,
Professor Scharbert
(letztere als Vertreter der Übersetzer).

Anwesend waren auch zahlreiche Übersetzer und Mitarbeiter der Einheitsübersetzung, zu erwähnen sind besonders die Vertreter der Gesellschaft für Deutsche Sprache, Wiesbaden, mit dem Geschäftsführer Otto Nüßler an der Spitze.

Der Einladung waren viele Journalisten von Fernsehen, Funk und Presse gefolgt, so daß der Raum zu klein war und viele stehen mußten.

Jeder erhielt ein Exemplar des Neuen Testaments und der Dokumentation »Einheit im Wort«.

Alle wurden von Kardinal Höffner, auch im Namen von Landesbischof Lohse, herzlich begrüßt.

Er trug dann die nachfolgende *Erklärung* vor:

# 1. Die Erklärung von Kardinal Höffner

Sehr geehrter Herr Landesbischof Lohse!
Liebe Mitbrüder!
Verehrte Mitarbeiter der Einheitsübersetzung!
Sehr geehrte Damen und Herren!

Das Neue Testament, das ich Ihnen noch druckfrisch überreiche, ist, auch in den Einführungen und Anmerkungen, in vollem ökumenischem Zusammenwirken von Beauftragten der Evangelischen Kirche in Deutschland und aller katholischen Bischöfe der deutschsprachigen Gebiete Europas erarbeitet worden, ein einmaliges Ereignis in der Geschichte der christlichen Kirchen Europas. Über 100 Fachleute der Bibelwissenschaft, der biblischen Sprachen, der Liturgik, der Katechetik und der Germanistik haben seit 1962 an dieser Übersetzung einträchtig zusammengewirkt.

Bereits am Vorabend des Zweiten Vatikanischen Konzils, im Sommer 1961, hatte das Katholische Bibelwerk Stuttgart in einer Denkschrift an die Fuldaer Bischofskonferenz darauf aufmerksam gemacht, daß die Zeit gekommen sei, eine einheitliche Übersetzung der Bibel aus der hebräischen und griechischen Ursprache für den offiziellen Gebrauch der katholischen Kirche zu schaffen und dadurch die zur Verwendung im kirchlichen Bereich zugelassenen zahlreichen privaten Übersetzungen abzulösen. Diese Übersetzung sollte, so fügte das Katholische Bibelwerk schon damals hinzu, nach Möglichkeit zusammen mit Beauftragten der evangelischen Kirchen geschaffen werden, damit auf diese Weise Brücken zwischen der seit der Reformation gespaltenen Christen deutscher Sprache geschlagen würden.

Die deutschen Bischöfe, allen voran der Vorsitzende der Fuldaer Bischofskonferenz, Josef Kardinal Frings, griffen diesen Vorschlag bereitwillig auf und erteilten 1962 den Auftrag zur Arbeit. Das zur gleichen Zeit beginnende Zweite Vatikanische Konzil ermöglichte es, die Liturgie in den Landessprachen zu feiern, und forderte die katholischen Bischöfe auf, für gute Übersetzungen der Bibel aus den Urtexten zu sorgen. Es empfahl zugleich, solche Übersetzungen nach Möglichkeit im Zusammenwirken mit den nichtkatholischen Christen zu erstellen. Darum stimmten die Bischöfe anderer Länder mit deutschsprachiger Bevölkerung dem Ersuchen der deutschen Bischöfe zu, sich an dem Unternehmen »Einheitsübersetzung« zu beteiligen. Es waren dies die Bischöfe Österreichs, der deutschsprachigen Schweiz, von Bozen–Brixen, Luxemburg und Lüttich. Der Bischof von Straßburg erklärte sich bereit, die Übersetzung in Gottesdiensten deutscher Sprache verwenden zu lassen.

Erfreulicherweise war auch die evangelische Seite bereit, an der Übersetzung mitzuwirken. Im Laufe der Zusammenarbeit wuchs das gegenseitige Vertrauen. Es gelang, sich auf gemeinsame deutsche Namensformen zu einigen. Über diese Zusammenarbeit wurde der erste Vertrag zwischen den deutschen Bischöfen und der deutschen Evangelischen Kirche seit der Reformation geschlossen. Heute sind die Psalmen und das ganze Neue Testament ökumenisch verantwortet.

Von Anfang an wurde darauf geachtet, die Übersetzung so zu gestalten, daß sie allen Menschen deutscher Sprache, auch denen, die der Kirche oder dem christlichen Glauben fernstehen, einen zeitgemäßen, gut verständlichen und sprachlich überzeugenden Zugang zum Gehalt der biblischen Schriften eröffnet. Darum wurden angesehene Fachleute der deutschen Sprache und die Gesellschaft für Deutsche Sprache, Wiesbaden, zur Mitarbeit herangezogen. Über diese Mitarbeiter und alle, die an der Einheitsübersetzung mitgewirkt haben, gibt die Dokumentation Auskunft, die Ihnen überreicht wurde. Ebenso weist diese Dokumentation auf die Stufen des Werdens der Übersetzung und auch auf das nicht einheitliche Echo hin, das der vorläufige Text der Übersetzung fand. Auftraggeber und Mitarbeiter waren sich der Verantwortung bewußt, die sie mit der neuen Übersetzung auch gegenüber der deutschen Sprache auf sich nahmen. Aus Verantwortung gegenüber dem Wort der Bibel und seiner Bedeutung für unsere Kirchen und unsere Kultur geschah es auch, daß die beteiligten Bischöfe die Übersetzung, die völlig neu aus den Urtexten geschaffen wurde, zunächst einige Jahre lang in Kirche und Schule erproben ließen und alle Urteilsfähigen um Stellungnahmen und Verbesserungsvorschläge baten. Die Resonanz war erstaunlich. Es wurden rund 15 000 Änderungswünsche eingesandt, die bei der Revision berücksichtigt worden sind. Das alles zeigt, wie hoch das Verantwortungsbewußtsein gegenüber dem Wort der heiligen Schrift bei der Erstellung der neuen Übersetzung gewesen ist.

Bevor wir das Pressegespräch beginnen, erlaube ich mir, noch auf einige bedeutsame Daten der Übersetzung der biblischen Schriften in die deutsche Sprache, also auf die Begegnung von biblischem Wort und deutschem Wort hinzuweisen.

Zwischen den Jahren 340 und 360 schuf der Gotenbischof Wulfila, der einen gotischen Vater und eine griechische Mutter hatte, im Gebiet der heutigen Türkei und der Länder an der Donaumündung die erste Übersetzung der Bibel in eine germanische Sprache und ebnete so den Weg der germanischen Stämme zum christlichen Glauben. Durch diese Übersetzung machte er zugleich die Sprache der Goten zur Schriftsprache. Das gotische Sprachgebiet erstreckte sich damals von Südrußland über Jugoslawien, Italien, Gallien und Spanien bis nach Nordafrika. Alle späteren germanischen und deutschen Bibelübersetzungen und alle germanischen Sprachdenkmäler sind der Bibelübersetzung Wulfilas verpflichtet.

Um das Jahr 870 wird zum ersten Mal auf die Existenz eines Evangelio theodisco, eines deutschen Evangeliums, hingewiesen. Bereits zuvor, um 825, wurde in Fulda eine deutsche Übersetzung der Evangelienharmonie des Tatian geschaffen, nach welcher der Dichter des Heliand seine berühmte Nachdichtung schuf.

Vor allem die höfischen Schreibschulen und die Klöster schufen dann weitere deutsche Übersetzungen der biblischen Bücher. Besonders die Klöster von Fulda und der Reichenau sind hier zu nennen. Von großer Bedeutung waren auch die deutschen Übersetzungen biblischer Lesungen für den Gottesdienst, die sogenannten Lektionarien, Evangeliare und Plenarien. Der berühmte Volksprediger *Berthold von Regensburg* meinte im 13. Jahrhundert, Gott verstehe Latein und Deutsch; die Gläubigen würden jedoch durch die Muttersprache im Gottesdienst »heftiger und süßer ergriffen« (A. E. Schönbach, Studien zur Geschichte der altdeutschen Predigt. Wien 1907, S. 46). Im Jahre 1466 druckte Johann Mentelin in Straßburg die erste deutsche Bibel. Bis zur Reformation zählt man 14 oberdeutsche und vier niederdeutsche Bibeldrucke. Martin Luther konnte auf diese Vorarbeiten zurückgreifen, als er daran ging, seine meisterliche Übersetzung der gesamten Heiligen Schrift aus den Ursprachen in die deutsche Sprache zu schaffen. Er hat damit auch den katholischen Christen deutscher Zunge einen wertvollen Dienst geleistet. Alle bedeutsamen katholischen Bibelübersetzer seit der Reformation gingen bei ihm in die Schule. Hier sind vor allem die Übersetzungen von Johann Dietenberger, Johann Eck, Caspar Ulenberg, die Mainzer, die Straßburger und die Nürnberger Bibel zu nennen. Vor allem der überragende Bibelübersetzer des 19. Jahrhunderts, Joseph Franz von Allioli, griff bewußt auf Luther und auf die vorlutherische Übersetzungstradition zurück.

Das Neue Testament der Einheitsübersetzung ist in bewußtem ökumenischem Zusammenwirken entstanden und will allen Menschen deutscher Sprache heute einen zuverlässigen Weg zur Botschaft der Bibel ebnen. Die Auftraggeber und Mitarbeiter dieser Übersetzung sind sich durchaus der Grenzen dieses Werkes bewußt. Um der Bedeutung der biblischen Botschaft für alle Generationen willen war es jedoch nötig, das Werk der Übersetzung neu zu wagen.

# 2. Aussprache

Die sehr lebhafte, auf hohem Niveau erfolgende Aussprache konzentrierte sich vor allem auf die Fragenkreise: die Eigenart und Qualität der Sprache dieser Übersetzung und die dafür verantwortlichen Mitarbeiter – Kann sie wohl neben der Lutherübersetzung und den gegenwärtig verfügbaren deutschen Übersetzungen bestehen? – und auf die Breite der Verwendung im kirchlichen, vor allem im protestantischen Raum. Für die Antwort auf die erste Fragengruppe erwies sich die Anwesenheit der Vertreter der Gesellschaft für Deutsche Sprache als sehr hilfreich. Beispiele wichtiger Textstellen wurden verlesen, über deren Verständlichkeit und Sprachqualität gesprochen, exegetische Probleme erörtert. Auf die zweite Fragegruppe gab Landesbischof Lohse zur Antwort, daß die evangelische Kirche aus Treue zur eigenen Geschichte an der Verwendung des Luthertextes (in seiner revidierten Fassung) im Gottesdienst festhalten wolle, daß die neue Übersetzung aber eine gute Ergänzung der Lutherübersetzung bilde und insofern eine Bereicherung auch für den evangelischen Christen darstelle. Es gelte nun abzuwarten, wie die neue Übersetzung sich durchsetze.

Sicher aber bilde diese Übersetzung, bei der es gelungen sei, sich auch auf gemeinsame Einführungen in die einzelnen Schriften und Anmerkungen zu wichtigen Stellen zu einigen, eine entscheidende Vorstufe für einen vollauf gemeinsamen Text der deutschen Bibel in der Zeit, da eine weitere Revision der Lutherübersetzung nicht mehr möglich sei.

Hingewiesen wurde sodann auf die Bedeutung dieser Übersetzung für die deutsche Sprache, da es gelungen sei, eine einheitliche sprachliche Fassung für alle deutschsprachigen Gebiete Europas zu finden.

# 3. Resonanz

Wie die Resonanz auf diese Veranstaltung in der Presse nachher zeigte, kann diese Pressekonferenz als sehr erfolgreich bezeichnet werden. Geradezu als Symbol dieses Ereignisses tauchte immer wieder in der Presse das Bild der Vorsitzenden der beiden großen christlichen Kirchen in der Bundesrepublik auf, wie sie gemeinsam ein Exemplar des Neuen Testamentes hochhalten und über dieses nun vollauf gemeinsame Wort Gottes einander herzlich zulächeln.

# V. DIE SCHLUSSFEIER DER ÜBERSETZER UND MIT-ARBEITER DER EINHEITSÜBERSETZUNG MIT KARDINAL HÖFFNER UND LANDESBISCHOF LOHSE

Nach einer *musikalischen Einleitung* begrüßte der Hauptverantwortliche der Deutschen Bischofskonferenz für die Einheitsübersetzung, *Bischof Dr. Eduard Schick*, Fulda, selbst Bibelwissenschaftler, die anwesenden Mitarbeiter und Gäste und hielt folgende *Ansprache:*

Hochwürdigster Herr Kardinal Dr. Höffner,
sehr verehrter Herr Landesbischof Dr. Lohse,
liebe Mitarbeiter an dem Werk, dessen glücklichen Abschluß wir feiern,
verehrte Gäste!

Anlaß dieser Feierstunde ist ein säkulares Ereignis. Das Epitheton »säkular« ist in diesem Fall keine verbale rhetorische Übertreibung, sondern, wie es mir persönlich wenigstens scheint, eine Realitätsaussage. Ich darf Sie als Beleg dafür auch an die Tatsache erinnern, daß der Gegenstand eines ersten förmlichen Vertrags, der zwischen unseren Kirchen seit der Spaltung im 16. Jahrhundert abgeschlossen worden ist, die heute der Öffentlichkeit vorgestellte ökumenische Übersetzung der Hl. Schrift gewesen ist. Unter Berufung auf eben dieses schriftlich der Kirche hinterlassene Wort Gottes war damals der Dissens entstanden, der sich historisch bis zur Trennung voneinander auswuchs. Beide Kirchen jedoch behielten und hüteten sehr ehrfürchtig, eine jede für sich, als die Ursprungsurkunde der Christenheit und die göttliche Deutung des Wesens, Sinnes und Auftrags der Kirche Jesu Christi jene Sammlung der heiligen Bücher als kostbarsten Schatz. Mit der gemeinsamen Übersetzung der Bücher des Neuen Testamentes und des ersten Gebetbuches der Kirche, des Buches der Psalmen, durch Gelehrte aus beiden Kirchen ist eine Tat gesetzt, die den ökumenischen Aufbruch aufeinander zu, den Gott seiner Kirche in einer verworrenen und verwirrenden Epoche der Menschheitsgeschichte in Gnaden geschenkt hat, dokumentarisch festhält. Unter verschiedenen Aspekten ließe sich über dieses Faktum weiter meditieren, um dabei im einzelnen zu erkennen, wie weit unser Aufeinanderzugehen schon gediehen ist; aus den Erkenntnissen, die wir dabei gewännen, könnte die Hoffnung neue Nahrung finden und die Sehnsucht lebendiger werden, daß Gottes Geist uns weiter vorwärtsbringt in dieser Richtung, damit wir das Zeugnis für unseren gemeinsamen Herrn auch nach außen hin wieder einhellig abzulegen vermögen. Daß wir dies als Herzenswunsch unseres Herrn und somit als eine Gewissensauflage eines jeden Christgläubigen spüren müssen, darüber kann keiner im Zweifel sein, der den diesbezüglichen Passus im gebeteten Testament Jesu, Joh 17, kennt und ernst nimmt: »Alle sollen eins sein: Wie du, Vater, in mir bist und ich in dir bin, sollen auch sie in uns eins sein, damit die Welt glaubt, daß du mich gesandt hast« (Joh 17,21).
Wenigstens ein Stückchen, so wage ich zu sagen, sind wir diesem seinem Herzenswunsch nun wieder nähergekommen. Die ökumenische Überset-

zung ist ein Zeugnis unserer im Fundamentalen vorhandenen Einigkeit vor der Weltöffentlichkeit, das meines Erachtens in seiner Bedeutung nicht unterschätzt werden kann. Der gemeinsame Gottesdienst unter der Leitung des Vorsitzenden der Deutschen Bischofskonferenz und des Vorsitzenden Bischofs des Rates der evangelischen Kirche in Deutschland hat dieses gemeinsame christliche Zeugnis nach außen unübersehbar unterstrichen und zugleich seine noch vorhandene Unvollkommenheit im gemeinsamen Gebet vor Gottes Angesicht gebracht.

Wir haben im Münster der Bundeshauptstadt Gott gedankt in der gläubigen Überzeugung, daß uns dieses Geschenk als neues Zeugnis unserer Einigkeit im Herrn wie »jede gute Gabe und jedes vollkommene Geschenk von oben« (Jak 1,17) zugekommen ist.

Nun obliegt es mir, auch den Menschen zu danken, die bei diesem Gottesgeschenk mitgeholfen haben; das sind zunächst die beiden Kirchen, deren Spitzenvertreter ich in Herrn Kardinal Höffner und Herrn Bischof Lohse herzlich begrüße. Sodann gilt mein ganz besonderer Dank und Gruß allen, die unmittelbar mitgeholfen haben, daß diese Gabe Gottes ihre irdische Gestalt und Form erhielt. Daß Sie, Eminenz Höffner, als Vorsitzender der Deutschen Bischofskonferenz zu dieser Feier persönlich gekommen sind, empfinden alle, die am Zustandekommen der ökumenischen Übersetzung beteiligt waren, als eine besondere Ehre; sie werten Ihre Anwesenheit als Anerkennung der geleisteten Arbeit und als Bestätigung ihres Ergebnisses. Im Namen aller danke ich Ihnen für die Auszeichnung, die Sie damit der Einheitsübersetzung des Neuen Testamentes öffentlich verliehen. Den Namen »Einheitsübersetzung« verdient sie in einem doppelten Sinn: In der katholischen Kirche wird sie von nun an der amtliche Text vor allem für die Liturgie sein, der im gesamten deutschen Sprachgebiet das Wort Gottes mit denselben menschlichen Worten zu Gehör bringt. Darüber hinaus gibt ihr die Tatsache ihres ökumenischen Charakters einen zweiten Sinn von Einheitsübersetzung.

Sicherlich ist auch diese Übersetzung trotz der Mitarbeit so vieler Gelehrter kein opus perfectum (vollkommenes Werk), denn sie ist und bleibt ein opus humanum (Menschenwerk), das darum auch zunächst vor seiner endgültigen Gestalt Jahre hindurch bewußt der öffentlichen Kritik zur Verfügung gestellt wurde. Fruchtbare Anregungen sind uns dadurch zugeflossen, die verwertet wurden. Es soll aber auch nicht verschwiegen werden, daß wir zuweilen bittere Erfahrungen bzw. Enttäuschungen dabei erleben mußten; ja manchmal schien es so, als ob die jahrelange Mühe zum Schluß doch noch vergeblich werden sollte. Wie ehedem Hieronymus bei seiner Arbeit an dem lateinischen Bibeltext vorausahnte, daß sein Werk nicht ohne Widerspruch hingenommen würde, so mußten auch wir das gleiche für unsere Arbeit voraussetzen. Die Empfindlichkeit, die in der Kirche gegenüber Änderungen des biblischen Wortlautes vorhanden ist, ist nichts Neues und im Grunde ein erfreuliches Zeichen. So schreibt schon der hl. Augustinus dem hl. Hieronymus (Epist. 71,5), daß eine Gemeinde ihren Bischof abgesetzt wissen wollte, weil er Jon 4,6 statt »Kürbis« nach der Übersetzung des Hieronymus »Efeu« vorgelesen hatte (es handelt sich da um den Strauch, der Jona Schatten spenden sollte). Obwohl auch uns wie Hieronymus der Gedanke leitete, wenn es möglich schien, die hergebrachte Klangform tunlichst zu schonen, um unnötigen Anstoß zu vermeiden, blieb uns trotzdem wie jenem Kirchenvater die Erfahrung nicht erspart, die er in der Vorrede zur später so ge-

nannten Vulgata in folgende Worte faßt: »Quis enim doctus pariter vel in-
doctus, cum in manus volumen adsumpserit, et a saliva quam semel imbi-
bit, viderit discrepare quod lectitat, non statim erumpat in vocem, me falsa-
rium, me clamans esse sacrilegum, qui audeam aliquid in veteribus libris
addere, mutare, corrigere?« (»Wer nämlich, sei er gebildet oder ungebildet,
würde nicht, wenn er einen Band in die Hand genommen haben wird und
das, was er mit Eifer liest, von dem Geschmack abweichen sähe, den er einmal eingesaugt hat, sofort in die Worte ausbrechen, daß ich ein Fälscher, ein
Lästerer sei, der ich es wage, in den alten Schriften etwas hinzuzufügen, zu
ändern, zu verbessern?«) Er tröstet sich darüber in seinem Schreiben an
Papst Damasus mit den Worten: »Quod et tu, qui summus sacerdos es, fieri
iubes, et verum non esse quod variat etiam maledicorum testimonio con-
probatur.« (»Was du auch, der du der höchste Priester bist, befiehlst, daß es
geschieht, und daß es nicht wahr sei, daß sich [etwas] ändert, auch wenn es
durch das Zeugnis von Verleumdern bekräftigt wird.«) Ich habe diese Erleb-
nisse der Übersetzer und besonders auch meine eigenen hier in diesem Zusammenhang angesprochen, weil ich Sie, Herr Kardinal, vergleichsweise als
Absicherung dagegen, daß wir nicht ins Leere liefen, wie Hieronymus damals den Papst Damasus ansprechen möchte. Dafür und besonders auch dafür, daß durch Ihre großzügige und zugleich geschickte Leitung bei jener entscheidenden Plenarkonferenz der Deutschen Bischöfe im Frühjahr 1978 in
Ludwigshafen die einstimmige Annahme durch den deutschen Episkopat
erfolgte, möchte ich Ihnen heute ausdrücklich besonders danken.
Ebenso danke ich Ihnen Herr Landesbischof Lohse für das Interesse, das Sie
schon in der Zeit, als Sie noch Professor in Göttingen waren, dem Unternehmen der Einheitsübersetzung entgegenbrachten. Ich erinnere mich, daß
Sie mit Professor Conzelmann bei einer Arbeitssitzung Mitte der 60er Jahre
in Stuttgart in diesem Sinn zitiert wurden. Später, bei einem Gespräch an-
läßlich einer Bischofsweihe in Hildesheim, erkundigten Sie sich bei mir an-
gelegentlich nach dem Stand des Unternehmens. Es war das gerade zu einer
Zeit ziemlicher Stimmungsflaute im katholischen Raum. Ihr Wort hat mir
damals neuen Mut gemacht. Wie Sie dann als Präsident der Vereinigten
Evangelisch-Lutherischen Kirche (in Deutschland) und schließlich als Vorsitzender des Rates der EKD tatkräftig das Werk begleitet haben bis zu Ihrer
persönlichen Teilnahme an der entscheidenden Sitzung der Revisionskommission im Januar 1978 in St. Georgen, Frankfurt, all dieses und mehr
bezeugt, daß Ihre Anwesenheit heute bei diesem festlichen Abschluß nicht
nur eine amtliche Präsenz darstellt, sondern daß Sie mit freudigem Herzen
dabei sind. Vielen Dank dafür!
Von all den Mitarbeitern, die ich sämtlich mit Dank und Freude in der
Rückerinnerung an unsere gemeinsame Arbeit begrüße, verdienen vier namentlich genannt zu werden: Herr Altbischof Dr. Leiprecht, Herr Oberkirchenrat Dr. Gundert, Herr Vizepräsident Prof. DDr. Söhngen, Berlin, und
last not least Herr Prof. Dr. Knoch. Sie, Herr Bischof Dr. Leiprecht, sind, was
die Einheitsübersetzung betrifft, ein Mann der ersten Stunde. Zusammen
mit Herrn Bischof Dr. Freundorfer haben Sie im Frühjahr 1962, noch vor dem
Konzil, den Initiativantrag zur Einheitsübersetzung in der Fuldaer Bischofskonferenz gestellt, der genehmigt wurde. Die Begründung war mit dem Umstand gegeben, daß in Deutschland schon vor dem Konzil in der lateinischen
Liturgie die Schriftlesungen in der Muttersprache vorgetragen wurden. Damit dem Ohr der Gläubigen sich eine einzige feste Form des Wortes Gottes

zum Behalten einprägte, kam es zu diesem Entschluß und Beschluß. Sie haben dann bis zu Ihrer Resignation den Löwenanteil der Arbeit bei Arbeitssitzungen, Beratungen etc. etc. getragen. Was das beinhaltet, habe ich erst gespürt, als Sie nicht mehr dabei waren. Wir freuen uns, daß es Ihr Gesundheitszustand erlaubt, heute unter uns zu sein und unseren Dank, speziell für die »Initialzündung«, entgegennehmen zu können. Sie, Herr Oberkirchenrat Dr. Gundert, haben in staunenswerter Treue durch Ihre Anwesenheit bei sozusagen allen Arbeitssitzungen und vorher schon bei der Erstellung eines vorläufigen, ökumenisch übersetzten Teils der Bibel Ihr persönliches Engagement überdeutlich bekundet. Ihre stets ausgleichende Unterstützung hat viel dazu beigetragen, daß, wie Sie selber in epd Nr. 35 (vom 29. 8. 1979) schreiben, »die Zusammenarbeit zwischen evangelischen und katholischen Übersetzern so gut verlief, wie dies wohl keiner der Beteiligten erwartet hätte«. Sie schreiben weiter: »Natürlich wurde in den Sitzungen manchmal heftig diskutiert. Aber die Diskussionen und Meinungsverschiedenheiten waren nie durch ein konfessionelles Vorverständnis geprägt.« Ich unterschreibe meinerseits dieses Ihr Urteil voll und ganz; der von Ihnen erwähnte im Grunde friedlich-verständnisvolle Verlauf war nicht zu einem geringen Teil Ihrem Einfluß zuzuschreiben. Dafür besonders und für alles danken wir Ihnen.

Eine Ergänzung zur Sache möchte ich an dieser Stelle noch einbringen, indem ich mich dabei noch einmal der Worte des Herrn Oberkirchenrats Dr. Gundert in besagter epd-Meldung bediene; er schreibt: »Aufgrund dieser guten Zusammenarbeit beim Übersetzen war es in der letzten Phase der Arbeit möglich, auch gemeinsame Einleitungen in die einzelnen Bücher des Neuen Testamentes und gemeinsame Anmerkungen zu formulieren. Auf evangelischer Seite bestand zunächst die Befürchtung, daß das ›typisch Katholische‹, das beim gemeinsamen Übersetzen nicht zutage getreten war, nun zum Vorschein kommen werde. Aber von wenigen Anmerkungen abgesehen, die die evangelische Seite anders formuliert hätte, wenn sie allein gewesen wäre, die aber tragbar sind, kam es auch dabei zu einem guten Ergebnis.« Katholischerseits kann ich hier die Zusatzbemerkung machen, daß von den annähernd 70 Mitgliedern der Deutschen Bischofskonferenz, denen die Einleitungs- und Anmerkungstexte vor der Veröffentlichung zur Stellungnahme zugeschickt worden waren, keiner eine Beanstandung angemeldet hat.

Sie, Herr Vizepräsident Professor DDr. Söhngen, haben sich von Anfang an energisch für eine gemeinsame Bibelübersetzung eingesetzt. Nach der Initiative, die Professor Dr. Knoch im März 1965 ergriffen hatte, und der nachfolgenden Begegnung mit Ihnen als dem damals in der Sache zuständigen Referenten der Kirchenkanzlei, haben Sie sich mit Eifer um die Zustimmung des Rates der Evangelischen Kirche in Deutschland und des »Verbandes der Evangelischen Bibelgesellschaften« zu einer Zusammenarbeit bemüht. Es kam jedoch nicht dazu, den damaligen Rat der EKD dafür zu gewinnen. Ihre Überzeugung und Ihr guter Wille von damals haben dann noch kurz vor dem Abschluß des Werkes ihre Frucht getragen. Darüber werden Sie verständlicherweise heute eine besondere Freude empfinden. Ich durfte dieses Ihr besonderes Verdienst nicht mit Schweigen übergehen. Mit dem Dank dafür verbinde ich auch im voraus schon den für das Referat, das Sie uns nachher halten werden.

Sie, Herr Professor Dr. Knoch, kommen zwar zuletzt an die Reihe. Wenn die Reihenfolge der Grußworte nach der Quantität und Qualität von Einsatz

und Leistung für die Einheitsübersetzung hätte eingehalten werden können, hätte ich Sie an allererster Stelle nennen müssen. Die immense Arbeit, die Sie sich mit Ihrem Entschluß im Jahre 1961 aufgeladen hatten, kann nur jemand ermessen, der wie ich von 1962 an bis heute die Vielfalt dessen kennt, was ununterbrochen fast tagtäglich auf Sie zukam. Ich habe Ihren unermüdlichen Fleiß, Ihre Tapferkeit, die kein Rückschlag klein kriegte, die Großmut, mit der Sie bei nicht ausbleibenden Auseinandersetzungen über solche Anlässe zu Mißmut und Resignation Herr wurden, bewundert. In Ihrem Referat nachher, denke ich, wird das mit diesen Worten nur allgemein Angedeutete wenigstens in einigen Stücken konkretes Profil gewinnen. Sie mußten auf Möglichkeiten Ihrer Berufslaufbahn und auf manche Ihrer Begabung entsprechende Beiträge zur wissenschaftlichen Forschung verzichten, um dem großen Werk zu dienen, dessen Abschluß wir heute feiern. Daß es Ihnen nicht leichtfiel und Sie es als Opfer um der Sache willen empfunden haben, kann ich mit einer treffenden Äußerung aus Ihrem Mund bezeugen; sie sagten einmal zu mir: »Ich bin der Geschädigte der Einheitsübersetzung.« Wenn ich Ihnen heute als meine Überzeugung erkläre: Ohne Sie wäre diese säkulare Tat nie gelungen, mag Ihnen das ein wenig Trost bedeuten. Ihr Name wird mit dieser Leistung auf immer verbunden bleiben. Für all Ihren unermüdlichen und tapferen Einsatz danke ich Ihnen in aller Namen und persönlich sage ich Ihnen ein herzliches »Vergelt's Gott«!
Schließlich entbiete ich allen Mitarbeitern an der Einheitsübersetzung einen freundlichen Willkommensgruß, verbunden mit herzlichem Dank. Eine ganze Anzahl von ihnen ist schon in Gottes Ewigkeit; auch ihnen weihen wir in dieser Stunde ein dankbares Gedenken.
Über Einzelheiten sowie über die Bedeutung der Einheitsübersetzung werden die anschließenden Referate noch manches ergänzen. Lassen Sie mich diese Feierstunde, deren einzigartige Besonderheit ich Ihnen, eingeschlossen in dieses Grußwort, anzudeuten versucht habe, schließen mit dem einen Wunsch: Möge diese neue Übersetzung, die wie keine andere deutsche durch Mitarbeit so vieler Experten einen wissenschaftlich abgesicherten und dank der Unterstützung der Germanisten – hier muß ich speziell den Namen Professor Dr. Schmalzriedt dankend nennen – und der detaillierten Überprüfung durch die Gesellschaft für die Deutsche Sprache – für alle anderen sei hier dankend Herr Otto Nüßler genannt – auch einen sprachlich gut verständlichen Zugang zum Wort Gottes bietet, ein brauchbares Werkzeug sein für Gottes Heiligen Geist, durch das er Menschenherzen für das Evangelium Gottes aufzuschließen vermag!

☐

Nach dieser Ehrung verdienter Mitarbeiter wurden von dem Geschäftsführer der Einheitsübersetzung, Professor Otto Knoch, rote Ziegenleder-Bände der Einheitsübersetzung mit Goldschnitt an folgende Personen als *Ehrengaben* der Katholischen Bibelanstalt überreicht:

Kardinal Höffner, Landesbischof Lohse, Altbischof Leiprecht, Bischof Schick, Weihbischof Plöger, Oberkirchenrat Gundert, Professor Scharbert, Professor Knoch; später kam noch dazu – als Vertreter der evangelischen Übersetzer – Professor Ferdinand Hahn, München.

Bei der Überreichung dankte er jedem für seine besonderen Verdienste. Bei Bischof Schick wies er darauf hin, daß es ihm neben Bischof Leiprecht entscheidend zu danken sei, daß dieses Werk der Übersetzung auch vollendet werden konnte. Ohne seine Sachkenntnis, seine Tatkraft, Umsicht und zielbewußte Zähigkeit, aber auch seine biblische Leidenschaft, hätten die manchmal geradezu unüberwindlich erscheinenden Schwierigkeiten nicht gemeistert werden können. Sein Name sei nicht nur auf immer mit der Vollendung der bedeutsamen Nova-Vulgata-Übersetzung bleibend verbunden, sondern auch mit der Einheitsübersetzung.

Die Überreichung des Ehrenexemplares an Kardinal Höffner und Landesbischof Lohse wurde am Abend dieses Tages in den Tagesschauen von ARD und ZDF gezeigt.

☐

Nach einem kurzen Musikstück folgte der *Vortrag charakteristischer Texte der Einheitsübersetzung* durch *Rudolf Jürgen Bartsch, Köln.*

Die Auswahl dieser Texte erfolgte entsprechend dem Leitwort:

# »Nicht nur von Brot lebt der Mensch,
# sondern von jedem Wort, das aus Gottes Mund kommt,«
(Deuteronomium 8,3; Matthäusevangelium 4,4)

*»Da formte Gott den Menschen aus Erde und blies in seine Nase den Lebensatem«*
(Genesis 2,4–9.15–17)

Zur Zeit, als Gott, der Herr, Erde und Himmel machte, gab es auf der Erde noch keine Feldsträucher und wuchsen noch keine Feldpflanzen; denn Gott, der Herr, hatte es auf die Erde noch nicht regnen lassen, und es gab noch keinen Menschen, der den Ackerboden bestellte; aber Feuchtigkeit stieg aus der Erde auf und tränkte die ganze Fläche des Ackerbodens.
Da formte Gott, der Herr, den Menschen aus Erde vom Ackerboden und blies in seine Nase den Lebensatem. So wurde der Mensch zu einem lebendigen Wesen.
Dann legte Gott, der Herr, in Eden, im Osten, einen Garten an und setzte dorthin den Menschen, den er geformt hatte. Gott, der Herr, ließ aus dem Ackerboden allerlei Bäume wachsen, verlockend anzusehen und mit köstlichen Früchten, in der Mitte des Gartens aber den Baum des Lebens und der Baum der Erkenntnis von Gut und Böse.
Gott, der Herr, nahm also den Menschen und setzte ihn in den Garten von Eden, damit er ihn bebaue und hüte.
Dann gebot Gott, der Herr, dem Menschen: Von allen Bäumen des Gartens darfst du essen, doch vom Baum der Erkenntnis von Gut und Böse darfst du nicht essen, denn sobald du davon ißt, wirst du sterben.

*»Was ist der Mensch, daß du an ihn denkst?«*
(Psalm 8)

Herr, unser Herrscher,
wie gewaltig ist dein Name auf der ganzen Erde;
    über den Himmel breitest du deine Hoheit aus.

Aus dem Mund der Kinder und Säuglinge schaffst du dir Lob,
deinen Gegnern zum Trotz;
    deine Feinde und Widersacher müssen verstummen.
Seh' ich den Himmel, das Werk deiner Finger,
    Mond und Sterne, die du befestigt:
Was ist der Mensch, daß du an ihn denkst,
    des Menschen Kind, daß du dich seiner annimmst?

Du hast ihn nur wenig geringer gemacht als Gott,
    hast ihn mit Herrlichkeit und Ehre gekrönt.
Du hast ihn als Herrscher eingesetzt über das Werk
deiner Hände,
    hast ihm alles zu Füßen gelegt:
All die Schafe, Ziegen und Rinder
    und auch die wilden Tiere,
die Vögel des Himmels und die Fische im Meer,
    alles, was auf den Pfaden der Meere dahinzieht.

Herr, unser Herrscher,
    wie gewaltig ist dein Name auf der ganzen Erde!


*»Die Weisung des Herrn ist vollkommen«*
(Psalm 19,8–15)

Die Weisung des Herrn ist vollkommen,
    sie erquickt den Menschen.
Das Gesetz des Herrn ist verläßlich,
    den Unwissenden macht es weise.
Die Befehle des Herrn sind richtig,
    sie erfreuen das Herz;
das Gebot des Herrn ist lauter,
    es erleuchtet die Augen.
Die Furcht des Herrn ist rein,
    sie besteht für immer.
Die Urteile des Herrn sind wahr,
    gerecht sind sie alle.
Sie sind kostbarer als Gold, als Feingold in Menge.
    Sie sind süßer als Honig, als Honig aus Waben.

Auch dein Knecht läßt sich von ihnen warnen,
    wer sie beachtet, hat reichen Lohn.
Wer bemerkt seine eigenen Fehler?
    Sprich mich frei von Schuld, die mir nicht bewußt ist!
Behüte deinen Knecht auch vor vermessenen Menschen;
    sie sollen nicht über mich herrschen.

Dann bin ich ohne Makel
und rein von schwerer Schuld.
Die Worte meines Mundes mögen dir gefallen;
was ich im Herzen erwäge, stehe dir vor Augen,
Herr, mein Fels und mein Erlöser.


*»Höre Israel! Jahwe, unser Gott, Jahwe ist einzig«*
(Deuteronomium 6,4–9)

Höre, Israel! Jahwe, unser Gott, Jahwe ist einzig. Darum sollst du den Herrn, deinen Gott, lieben mit ganzem Herzen, mit ganzer Seele und mit ganzer Kraft.
Diese Worte, auf die ich dich heute verpflichte, sollen auf deinem Herzen geschrieben stehen. Du sollst sie deinen Söhnen wiederholen. Du sollst von ihnen reden, wenn du zu Hause sitzt und wenn du auf der Straße gehst, wenn du dich schlafen legst und wenn du aufstehst. Du sollst sie als Zeichen um das Handgelenk binden. Sie sollen zum Schmuck auf deiner Stirn werden. Du sollst sie auf die Türpfosten deines Hauses und in deine Stadttore schreiben.


*»Ich schicke Hunger in das Land nach einem Wort des Herrn«*
(Amos 8,11–12)

Seht, es kommen Tage – Spruch Gottes, des Herrn –,
da schicke ich den Hunger ins Land,
nicht den Hunger nach Brot, nicht Durst nach Wasser,
sondern nach einem Wort des Herrn.
Dann wanken die Menschen von Meer zu Meer,
sie ziehen von Norden nach Osten,
um das Wort des Herrn zu suchen,
doch sie finden es nicht.


*»Das Wort unseres Gottes bleibt in Ewigkeit«*
(Jesaja 40, 1–8)

Tröstet, tröstet mein Volk,
spricht euer Gott.
Redet Jerusalem zu Herzen
und verkündet der Stadt,
daß ihr Frondienst zu Ende geht,
daß ihre Schuld beglichen ist;
denn sie hat die volle Strafe erlitten
von der Hand des Herrn
für all ihre Sünden.

Eine Stimme ruft:
Bahnt für den Herrn einen Weg durch die Wüste!
Baut in der Steppe eine ebene Straße für unseren Gott!

Jedes Tal soll sich heben,
jeder Berg und Hügel sich senken.
Was krumm ist, soll gerade werden,
und was hüglig ist, werde eben.
Dann offenbart sich die Herrlichkeit des Herrn,
alle Sterblichen werden sie sehen.

Ja, der Mund des Herrn hat gesprochen.
Eine Stimme sagte: Verkünde!
Ich fragte: Was soll ich verkünden?
Alles Sterbliche ist wie das Gras,
und all seine Schönheit ist wie die Blume auf dem Feld.
Das Gras verdorrt, die Blume verwelkt,
wenn der Atem des Herrn darüberweht.
Wahrhaftig, Gras ist das Volk.
Das Gras verdorrt, die Blume verwelkt,
doch das Wort unseres Gottes bleibt in Ewigkeit.


*»Das Wort aus meinem Mund bewirkt, was ich will«*
(Jesaja 55,6–11)

Sucht den Herrn, solange er sich finden läßt,
ruft ihn an, solange er nahe ist.
Der Ruchlose soll seinen Weg verlassen,
der Frevler seine Pläne.
Er kehre um zum Herrn,
damit er Erbarmen hat mit ihm,
und zu unserem Gott,
denn er ist groß im Verzeihen.

Meine Gedanken sind nicht eure Gedanken,
und eure Wege sind nicht meine Wege – Spruch des Herrn.
So hoch der Himmel über der Erde ist,
so hoch erhaben sind meine Wege über eure Wege
und meine Gedanken über eure Gedanken.
Denn wie der Regen und der Schnee vom Himmel fällt
und nicht dorthin zurückkehrt,
sondern die Erde tränkt
und sie zum Keimen und Sprossen bringt,
wie er dem Sämann Samen gibt und Brot zum Essen,
so ist es auch mit dem Wort, das meinen Mund
verläßt: Es kehrt nicht leer zu mir zurück,
sondern bewirkt, was ich will,
und erreicht all das, wozu ich es ausgesandt habe.

*»Der Geliebte ist mein, und ich bin sein«*
(Hoheslied 2,8–14)

Horch! Mein Geliebter!
Sieh da, er kommt.
Er springt über die Berge,
hüpft über die Hügel.
Der Gazelle gleicht mein Geliebter,
dem jungen Hirsch.
Ja, draußen steht er
an der Wand unsres Hauses;
er blickt durch die Fenster,
späht durch die Gitter.

Der Geliebte spricht zu mir:
Steh auf, meine Freundin,
meine Schöne, so komm doch!
Denn vorbei ist der Winter,
verrauscht der Regen.
Auf der Flut erscheinen die Blumen;
die Zeit zum Singen ist da.
Die Stimme der Turteltaube
ist zu hören in unserem Land.
Am Feigenbaum reifen die ersten Früchte;
die blühenden Reben duften.

Steh auf, meine Freundin,
meine Schöne, so komm doch!
Meine Taube im Felsennest,
versteckt an der Steilwand,
dein Gesicht laß mich sehen,
deine Stimme hören!
Denn süß ist deine Stimme,
lieblich dein Gesicht.


*»Wer meine Worte hört und danach handelt, ist ein kluger Mann, der sein Haus auf Fels baute«*
(Evangelium des Matthäus 7,24–27)

Wer diese meine Worte hört und danach handelt, ist wie ein kluger Mann, der sein Haus auf Fels baute. Als nun ein Wolkenbruch kam und die Wassermassen heranfluteten, als die Stürme tobten und an dem Haus rüttelten, da stürzte es nicht ein; denn es war auf Fels gebaut.
Wer aber meine Wort hört und nicht danach handelt, ist wie ein unvernünftiger Mann, der sein Haus auf Sand baute. Als nun ein Wolkenbruch kam und die Wassermassen heranfluteten, als die Stürme tobten und an dem Haus rüttelten, da stürzte es ein und wurde völlig zerstört.

*»Sei nüchtern, verkünde das Evangelium, erfülle treu deinen Dienst!«*
(2. Timotheusbrief 4,1–5)

Ich beschwöre dich bei Gott und bei Christus Jesus, dem kommenden Richter der Lebenden und der Toten, bei seinem Erscheinen und bei seinem Reich: Verkünde das Wort, tritt dafür ein, ob man es hören will oder nicht, weise zurecht, tadle, ermahne, in unermüdlicher und geduldiger Belehrung! Denn es wird eine Zeit kommen, in der man die gesunde Lehre nicht erträgt, sondern sich nach eigenen Wünschen immer neue Lehrer sucht, die den Ohren schmeicheln, und man wird der Wahrheit nicht mehr Gehör schenken, sondern sich Fabeleien zuwenden. Du aber sei in allem nüchtern, ertrage das Leiden, verkünde das Evangelium, erfülle treu deinen Dienst!

*»Was von Anfang an war, das verkünden wir: das Wort des Lebens«*
(1. Johannesbrief 1,1–4)

Was von Anfang an war, was wir gehört haben, was wir mit unseren Augen gesehen, was wir geschaut und was unsere Hände angefaßt haben, das verkünden wir: das Wort des Lebens.

Denn das Leben wurde offenbart: wir haben gesehen und bezeugen und verkünden euch das ewige Leben,
das beim Vater war und uns offenbart wurde.

Was wir gesehen und gehört haben, das verkünden wir auch euch, damit auch ihr Gemeinschaft mit uns habt. Wir haben aber Gemeinschaft mit dem Vater und mit seinem Sohn Jesus Christus.

Wir schreiben dies, damit unsere Freude vollkommen ist.

*»Der Mensch lebt vom Wort Gottes«*
(Deuteronomium 8,3; Matthäusevangelium 4,4)

Der Mensch lebt nicht nur von Brot,
sondern von jedem Wort,
das aus Gottes Mund kommt.

Diese Textrezitation, bei der die Einheitsübersetzung selbst zu Wort kam und auf sprachlich überzeugende Weise vorgetragen wurde, bildete nach einhelliger Meinung der Teilnehmer an der Feier den Höhepunkt des Festaktes. Dabei kam »zu Gehör«, daß die Einheitsübersetzung Klarheit und Nüchternheit der Aussage mit der Würde des Wortes auf sprachlich überzeugende Weise verbindet.

Nach kurzer Pause bewegten Schweigens folgte die sehr persönlich gefärbte *Übersicht des Geschäftsführers der Einheitsübersetzung über den Verlauf der Arbeit.* Professor Otto Knoch entwarf als erster den Plan zum großen Übersetzungswerk, trug von Anfang an die Verantwortung für den Gang der Arbeit und übernahm nach Fertigstellung der vorläufigen Endfassung der Übersetzung auch die Geschäftsführung der Katholischen Bibelanstalt in Stuttgart.

# Habent sua fata libelli

Liebe Zuhörer und Mitarbeiter an der Einheitsübersetzung!

Wir sind hier heute zusammengekommen, um nach über 18jähriger Arbeit den glücklichen Abschluß einer Übersetzung der Bibel in unsere Muttersprache zu feiern, die unter verschiedenen Gesichtspunkten verdient, eine besondere genannt zu werden. Sie ist die erste Übersetzung in die deutsche Sprache, die im offiziellen Auftrage der katholischen Kirche erfolgte; sie ist die erste Übersetzung der Bibel, zu der sich alle katholischen Bischöfe der deutschsprachigen Gebiete Europas zusammenfanden; sie ist die erste deutschsprachige Übersetzung, die im Auftrage der katholischen Kirche aus den Ursprachen der biblischen Bücher erarbeitet wurde; sie ist die erste Übersetzung, die in der katholischen Liturgie des gesamten deutschsprachigen Gebietes einheitliche Verwendung findet; sie ist die erste Übersetzung der Bibel ins Deutsche, an der biblische und sprachliche Fachleute aus allen Teilen Deutschlands Österreichs und der Schweiz zusammengewirkt und ein gemeinsames Sprachwerk geschaffen haben; sie ist die erste deutsche Übersetzung, an der auch Fachleute der Liturgik, Katechetik, der Germanistik und der Kirchenmusik mit den Exegeten über einen langen Zeitraum hin zusammengewirkt haben; sie ist vor allem die erste deutsche Übersetzung, wenigstens hinsichtlich des Neuen Testaments und der Psalmen, an der offizielle Beauftragte der katholischen und der evangelischen Kirche in Deutschland einträchtig und gleichberechtigt zusammengearbeitet haben und über die der erste Vertrag seit der Reformation zwischen beiden Kirchen in Deutschland geschlossen wurde. Allein das hier Aufgezählte reicht hin, um das Ereignis, das wir feiern, ein fatum, ein schicksalträchtiges Ereignis zu nennen.
Die Mitarbeiter der Einheitsübersetzung, welche die Einladung Kardinal Höffners zu einer Heiliglandreise annahmen, haben im Frühjahr dieses Jahres in der Hieronymusgrotte zu Bethlehem unter dem Leitwort: »Habent sua fata libelli« mit Dank gegen Gott der glücklichen Vollendung des großen Werkes, der wichtigsten Etappen der Arbeit und auch all derer gedacht, die daran mitwirkten, vor allem derer, die inzwischen aus diesem Leben abberufen wurden. Ihnen wurde, wie dem hl. Hieronymus, diesem Leidenschaftlichen Diener und Liebhaber des Wortes Gottes, dessen Fest die Kirche gestern feierte, die Arbeit an der Übersetzung der Bibel für die Kirche zum Schicksal. Voll Freude durften wir in Bethlehem auch feststellen, daß unsere Arbeit zuletzt auch die kirchliche Approbation durch die bischöflichen Auftraggeber erhielt, während die Übersetzung des Hieronymus, die im Auftrag

von Papst Damasus erfolgte, lediglich für das Neue Testament noch kirchlich anerkannt wurde, während das Alte Testament erst auf dem Konzil von Trient als authentisch erklärt wurde. Inzwischen wurde die Vulgata des hl. Hieronymus durch die Nova-Vulgata abgelöst, die in diesem Jahr vom Hl. Stuhl approbiert wurde, und die unter maßgeblicher Verantwortung zweier deutscher »Bibel- und Kirchenmänner«, Kardinal Beas und Bischof Schicks, entstand, die beide auch verantwortlich mitwirkten an der Einheitsübersetzung.

Es ist hier nicht der Ort, dem Gang der Einheitsübersetzung genau nachzugehen, angefangen von der Denkschrift des Bibelwerks 1961 für die Fuldaer Bischofskonferenz, über den Auftrag der deutschen Bischöfe zur Arbeit 1962, die biblische Wende des 2. Vatikanischen Konzils, die Mitbeteiligung der außerdeutschen Bischöfe und vor allem des Rates der Evangelischen Kirche in Deutschland und des Evangelischen Bibelwerks an der Übersetzung bis hin zur Approbation der Texte im Februar und März des vergangenen Jahres und zur Gutheißung von Einleitungen und Anmerkungen durch die Auftraggeber im Frühjahr dieses Jahres. Sie kennen diese teilweise dramatische Geschichte, bei der es manchmal aussah, als werde das Vorhaben ein Torso bleiben; denn Sie waren dabei und haben zäh und selbstlos an der Vollendung des begonnenen Werkes gearbeitet. Zudem gibt unsere Dokumentation darüber genauere Auskunft. Hier sollen lediglich ein paar Schlaglichter geworfen werden auf einzelne Personen und Vorgänge, die diesem Werk Form und Farbe gegeben haben und die dieses Werk als einen Prozeß gemeinsamen Planens, Hoffens, Sich-Mühens und Dienens von Menschen kennzeichnen, die sich Gottes Wort verpflichtet wußten und die ihren Kirchen, allen Christen deutscher Sprache, ja allen Menschen deutscher Sprache einen Dienst erweisen wollten, von dem sie überzeugt waren, daß dieser Dienst ein unverzichtbar notwendiger sei.

Der Plan zu dieser Übersetzung entstand 1960, und zwar bei einer Sitzung des Vorstandes des Katholischen Bibelwerks, als ich als neuer Direktor dieses Werkes mit den Verantwortlichen überlegte, ob nicht die Zeit gekommen sei, eine neue Übersetzung aus den Urtexten zu schaffen, welche die Erkenntnisse der Bibelwissenschaft berücksichtigen würde und die durch die Mitarbeit von Fachleuten der deutschen Sprache die Botschaft der Bibel in sprachlich überzeugender Form allen Menschen deutscher Sprache, auch Nichtchristen, neu nahebringen könnte. Diese Übersetzung sollte die zahlreichen Privatübersetzungen ablösen, die aufgrund kirchlicher Gutheißung in Gottesdienst und Schule in Gebrauch waren. Zugleich sollte diese Übersetzung auch ökumenisch verantwortet werden, um so die Einheit aller Christen im biblischen Wort deutscher Sprache zu dokumentieren. Dieser Plan wurde vom Wissenschaftlichen Beirat des Bibelwerks unter Vorsitz von Professor Johann Michl bereitwillig aufgegriffen und den Gremien der katholischen Alt- und Neutestamentler übermittelt. Auch diese stimmten zu und erklärten ihre Bereitschaft, daran mitzuwirken. Hier ist der Ort, des denkwürdigen Ausspruchs von Professor Josef Schmid, dem bedeutenden Neutestamentler und Vorkämpfer für die Öffnung der katholischen Exegese, zu gedenken: Da eine neue Übersetzung aus den Urtexten viel Widerspruch hervorrufen würde, solle man soviele Exegeten als möglich »mitschuldig« machen! Ich habe damals nicht geahnt, wie dieser Ausspruch sich einmal bewahrheiten sollte. Der damalige Protektor des Bibelwerks, Bischof Leiprecht, griff den Plan zu einer neuen Übersetzung freudig auf und trug ihn

Kardinal Frings vor, der seinen theologischen Doktor mit einer neutestamentlichen Arbeit erworben hatte. Er gewann die Fuldaer Bischofskonferenz für dieses Vorhaben, und das zu einem Zeitpunkt, als das Konzil erst in Sicht war und noch niemand ahnen konnte, welche biblische und ökumenische Wende dabei eintreten würde.

Als Verantwortliche für die große Aufgabe wurden der damalige Bischof von Augsburg, der angesehene Neutestamentler Joseph Freundorfer, und Bischof Leiprecht benannt. Beide waren ebenso wie Kardinal Frings der Auffassung, daß diese Übersetzung auch ein ökumenisches Zeichen setzen müsse. Daher sollten auch evangelische Übersetzer zur Mitarbeit gewonnen werden. Ja, Bischof Freundorfer bemerkte bei der entscheidenden Sitzung am 17. Februar 1962 in Augsburg, als aufgrund des Gutachtens des Kath. Bibelwerks der Antrag an die Fuldaer Bischofskonferenz formuliert und der Plan zur Verwirklichung dargelegt wurde: Am besten wäre es, wenn man die Lutherübersetzung gemeinsam mit den evangelischen Christen revidieren könnte. Leider sei aber der Text Luthers in seiner überholten Sprachgestalt zu fremd für Katholiken, so daß dieses Vorgehen für katholische Christen eher den Zugang zur Bibel hindern würde. Das Datum dieser Sitzung wurde auch zu einem Schicksalsdatum für mich selbst, weil die Ernennung zum Geschäftsführer dieser Übersetzung mein Leben maßgeblich prägen sollte und weil ich an diesem Tag, als ich abends nach Stuttgart heimkehrte, meinen Vater tot zu Hause vorfand. Es war wohl auch kein Zufall, daß am 16. Februar 1978 dann die Approbation des revidierten Textes der Einheitsübersetzung durch die Deutsche Bischofskonferenz erfolgte.

Im Sommer 1962 begann die eigentliche Arbeit mit der Konstituierung des Arbeitsausschusses und der Berufung der Übersetzer. Wir waren damals alle der Meinung, in sechs, spätestens acht Jahren das Werk abschließen zu können. Man kann sich kaum mehr vorstellen, mit welch freudigem Eifer, mit welcher Hoffnung und mit welchem Optimismus an die Arbeit gegangen wurde. Gott sei Dank waren die großen Lexika und die neuen Kommentarreihen noch nicht begonnen und waren auch die akademischen und wissenschaftlichen Verpflichtungen noch nicht so umfänglich und kompliziert wie heute. Es wäre sonst nicht möglich gewesen, so rasch die Zusagen aller zu gewinnen, die um Mitarbeit angegangen wurden. Selbstverständlich achtete man auch seitens des Arbeitsausschusses darauf, nur solche Exegeten zur Mitarbeit einzuladen, die als zuverlässige »Arbeiter« bekannt waren und von denen man wußte, daß sie kooperationsfähig waren. Auch war man bestrebt, Leute einer mittleren theologischen Linie zu finden. Erwähnenswert ist, daß auch viele Exegeten spontan zusagten, die sich bereits als Übersetzer einen Namen gemacht hatten, und dies, obwohl sie wußten, daß sie damit ihrer eigenen Übersetzung eine übermächtige Konkurrenz schaffen würden. Erstaunlich war auch, wie die vielfältigen Übersetzerpersönlichkeiten und Übersetzungsauffassungen doch zu einer konstruktiven Einigung fanden, ohne daß es zu bedeutsamen Spannungen kam.

Rasch bildete sich eine feste Ordnung der Arbeit heraus. Neben den Arbeitstagungen der Übersetzergruppen fand jeweils im Frühjahr und im Herbst im neuen Haus der Katholischen Akademie in Stuttgart-Hohenheim eine Arbeitswoche aller Übersetzer und Mitarbeiter statt, bei der sich – trotz außergewöhnlicher Arbeitslast von zwölf und 14 Stunden pro Tag und oft sehr belebten Plenumssitzungen – am Abend alle Übersetzer gemütlich zusammenfanden und den fachlichen und persönlichen Austausch pflegten. Gerade diese abendlichen Begegnungen haben zur Entwicklung herzlicher persönlicher Beziehungen zwischen Alt- und Neutestamentlern und zur Bildung einer echten Gemeinschaft untereinander geführt. Es war so, daß sich viele Mitarbeiter dieser Begegnungen wegen auf diese Übersetzerwochen durch Jahre hindurch freuten.

Zur Gemeinschaft trugen auch die Gottesdienste bei, die wir gemeinsam am Morgen miteinander feierten. Sie schufen erst das geistige Klima, in dem gedeihlich und ausdauernd gearbeitet werden konnte.

Als dann endlich auch evangelische Übersetzer mitarbeiten konnten, wurden sie bereitwillig und brüderlich in diese Arbeitsgemeinschaft gläubiger Christen aufgenommen und fühlten sich darin auch offensichtlich wohl. Wer nicht weiß, wie heftig und ausdauernd man sich über exegetische Fragen streiten kann, kann kaum ermessen, welche Bedeutung diese brüderliche Atmosphäre für das Fortschreiten der Arbeit hatte. Es ist und bleibt erstaunlich, daß keine Feindschaften entstanden und daß niemand verärgert und mit Bitterkeit dem gemeinsamen Werk den Rücken kehrte und daß auch niemand sich gedrängt fühlte, öffentlich seinem Unmut Luft zu machen über diese Sisyphusarbeit. Dabei ist zu bedenken, daß bei einer Gemeinschaftsarbeit jeder Federn lassen muß und daß manche Persönlichkeiten mit bekannten Namen sogar erheblich »gerupft« wurden, bevor ihre Arbeit vor dem Arbeitsausschuß Gefallen fand.

Ich selbst muß bekennen, daß ich als junger Mann, der gerade erst seinen exegetischen Doktor gemacht hatte und der nun als Eintreiber und Taktiker und Organisator kein leichtes Amt hatte und der ich auch manchem Professor durch meine etwas freimütige und direkte schwäbische Art wohl nicht wenig auf die Nerven gefallen bin, soviel Geduld, Offenheit, Vertrauen, Loyalität und Unterstützung bei all den bedeutenden Persönlichkeiten fand, so daß ich selbst mich freudig dieser Arbeit widmen konnte, und daß sich diese freudige Bereitschaft auch auf alle meine, z. T. sehr geplagten, Mitarbeiter beim Bibelwerk übertrug. Denn die Vervielfältigung von Tausenden von Texten über Jahre hin war keine leichte Arbeit. Auch ich habe viel bei dieser Arbeit gewonnen, wissenschaftlich und persönlich, und stehe nicht an, diese Jahre zu den fruchtbarsten meines Lebens zu rechnen. Allen, die mir so wohlwollend und freundschaftlich halfen, das nicht genau definierbare und deshalb so schwierige Amt eines Geschäftsführers gut und fruchtbar ausführen zu können, möchte ich hier bewegten und dankbaren Herzens danken. Wenn ich zu Beginn der Arbeit gewußt hätte, was alles in dieser Arbeit beschlossen war, hätte ich es sicher nicht gewagt. Und als die Arbeit sich hinzog und wir alle mehr oder weniger – beruflich gesehen – zu den »Einheitsübersetzungsgeschädigten« gehörten –, war es gerade diese Erfahrung einer allen Belastungen gewachsenen, biblisch motivierten Brüderlichkeit, die uns allen weiterhalf und uns hinderte, zu resignieren.

Hier ist auch den bischöflichen Referenten zu danken, die so brüderlich und überzeugt die Arbeit mittrugen und begleiteten, allen voran Bischof Leiprecht, der Jahr um Jahr – zusammen mit dem damaligen Weihbischof Schick, nach dem frühen Tod von Bischof Freundorfer – an allen Arbeitswochen teilnahm und mit Umsicht, Geschick und Optimismus – voranhalf und bei den beteiligten Bischöfen um Geduld, Vertrauen, Unterstützung und Wohlwollen warb. Gott sei Dank hatte er in Kardinal Frings und seinem Nachfolger Kardinal Döpfner überzeugte Mitkämpfer und brüderliche Förderer des Werkes gefunden. Und dann auch Bischof Schick, der in der schwierigen Endphase der Revision mit Klugheit, großem Sachwissen, Hartnäckigkeit und Leidenschaft um das Gelingen des großen Werkes kämpfte, sowie Weihbischof Josef Plöger, der die Übersetzung des Alten Testaments mit Sachverstand, Umsicht, Fleiß und Liebenswürdigkeit in der Endrevision zur Vollendung führte.

Ein besonderes Problem stellte die Frage nach der Übersetzungsmethode und nach der deutschen Sprachgestalt dar. Die exegetischen Hauptverantwortlichen des Anfangs, Professor Josef Schmid und Professor Vinzenz Hamp, plädierten für eine möglichst sinngetreue, von allem unwesentlichen Beiwerk befreite, dabei gut deutsche Übersetzung. Professor Schlier dagegen wollte eine möglichst den biblischen Vorlagen bis in den Sprachstil und die Wortstellung hinein verhaftete Übersetzung. So durchlief die Übersetzung schließlich vier Phasen in ihrem Verhältnis zur Vorlage. Einer relativ freien Phase folgte eine sehr textnahe, bis sich unter dem Einfluß der Germanisten eine mittlere Linie herausbildete, die durch die Schlußrevision noch stärker der Textvorlage angenähert wurde.

Eine besondere Schwierigkeit bildete die Auswahl der germanistischen Mitarbeiter. Zunächst dachte man, es genüge, nach den Vorlagen der überarbeiteten Fassung der Grundübersetzungen Gutachten von Fachleuten der deutschen Sprache einzuholen und diese dann zu berücksichtigen. Von dieser Auffassung kam man rasch ab, weil sich zeigte, daß damit keine sprachliche Einheit zu erreichen war. Dann war man sich nicht klar, ob es besser sei, religiös ausgewiesene und anerkannte Dichter und Schriftsteller heranzuziehen oder Fachleute der deutschen Sprache. Die Versuche, die in dieser Hinsicht gemacht wurden, zeigten rasch, daß die Dichter und Schriftsteller das Sprachpathos und damit das Außergewöhnliche bevorzugten, damit aber dem Prinzip der Treue zu den sprachlich gebundenen Vorlagen nicht gerecht wurden, zudem sich nicht einzustellen vermochten auf die nüchterne, unpathetische Sprache der Gegenwart. Da war es ein Glücksfall, dem Doktorandenseminar von Professor Jens zu begegnen, der einen Lehrstuhl für antike und moderne Rhetorik in Tübingen innehat und sich bewußt mit religiösen Texten beschäftigte. Die jungen Leute dieser Jens-Schule brachten nicht nur das nötige Fachwissen mit – sie konnten auch alle sehr gut Griechisch –, sie hatten auch das nötige Selbstbewußtsein, für ihre Grundsätze zu kämpfen und dies notfalls auf unbequeme Weise. Rasch erkannte man auch, daß diese Experten in den Prozeß der Übersetzung selbst einbezogen werden müßten. Für die Übersetzer, die alle meinten, doch selbst hinreichend Deutsch zu können, erforderte dies ein z. T. schmerzliches Umlernen – und bis zuletzt gab es Exegeten, die beklagten, daß man den Germanisten ein solches Maß an Mitspracherecht eingeräumt hatte. Hervorgehoben zu werden verdient, mit welchem Engagement und Sachwissen, mit welcher Hartnäckigkeit und mit welchem Verantwortungsbewußtsein gegenüber den Gesetzen der deutschen Sprache diese germanistischen Berater sich für eine gute deutsche Sprachgestalt der Übersetzung eingesetzt haben. Sie schreckten auch vor Bischöfen und deren sprachlichen Überzeugungen und Vorlieben nicht zurück. Obwohl dieser Kampf um die sprachliche Gestalt der Übersetzung oft nicht leicht war, müssen wir an dieser Stelle allen germanistischen Mitarbeitern danken für diesen engagierten, ja leidenschaftlichen Einsatz. Ohne solchen Eifer in Verbindung mit gediegenem Sachwissen ist nichts Gutes zu wirken! Sie alle haben dazu beigetragen, daß die Übersetzung auch sprachlich verantwortet werden kann vor dem kritischen

Blick der sprachlich geschulten Zeitgenossen. Ein Glücksfall war es auch, daß die Gesellschaft für Deutsche Sprache ihre Dienste anbot. Mit großer Erfahrung in dem, was man zeitgemäße deutsche Hochsprache nennen kann, mit Umsicht und Ausdauer, vor allem aber mit innerer Anteilnahme prüften deren Mitarbeiter alle Texte der Einheitsübersetzung und trugen dazu bei, sprachlich eine vertretbare, mittlere Linie zwischen überholtem Bibeldeutsch und heutiger gehobener Umgangssprache zu finden. Sie war sodann ein gewichtiger Faktor bei der Verteidigung dieser sprachlichen Linie, als nach Veröffentlichung der Probetexte eine z. T. heftige Kritik losbrach und als gegen die Übersetzung, vor allem gegen einzelne Stellen und Abschnitte des Neuen Testaments, der Vorwurf erhoben wurde, sie sei protestantisch, höhle den katholischen Glauben aus, sie sei liberal und modernistisch, ja sie stelle eine Preisgabe der Offenbarung zugunsten einer billigen Anpassung an den Zeitgeist dar. Von manchen Kreisen wurde geradezu eine Kampagne gegen die Einheitsübersetzung und ihre Verantwortlichen geführt, bis hin zur Anklage bei der obersten Glaubensbehörde in Rom, so daß weithin völlig aus den Augen verloren wurde, welch gute Aufnahme diese Übersetzung im ganzen bei sachlich offenen, unvoreingenommenen Lesern und Hörern fand, gerade auch im nicht-katholischen Raum. Daß auch ich selbst hier einige böse Überraschungen durch Beleidigungen, Unterstellungen, Verunglimpfungen und Drohungen erlebte, sei nur ganz nebenbei erwähnt. Der schlimmste Vorwurf gipfelte darin, daß alle Beauftragten für die Einheitsübersetzung unter dem Vorwand, der Kirche und den Christen einen Dienst zu leisten, bewußt die Offenbarung verfälschten, um so dem Satan mit Hilfe des Wortes Gottes Tür und Tor zu öffnen.

Es war überhaupt erstaunlich, welch starke Reaktionen die Probefassungen der neuen Übersetzung auslösten. Darum war es ein weiser Entschluß, die Übersetzung, die ja exegetisch und sprachlich neue Wege beschritt, zunächst für einige Jahre in Gottesdienst und Schule zu erproben, bevor die Endgestalt festgelegt wurde.

Diese Erprobung hat sich trotz der großen Verzögerung und der außergewöhnlich umfänglichen Arbeit, die sie mit sich brachte, wirklich gelohnt. Rund 15 000 Stellungnahmen gingen ein, oft gegensätzlicher Art; besonderes Gewicht kam dabei den Voten von Bischöfen und bischöflichen Gutachtern zu. Die Revisionsarbeit lief von 1973–1979. Dabei wurde allen Mitarbeitern ein außergewöhnliches Maß an Loyalität, Arbeitseinsatz und Selbstlosigkeit abgefordert. Vor allem den Bischöfen Schick und Plöger ist es von katholischer Seite zu danken, daß die Revisionsarbeit zu einem guten Ende geführt werden konnte. Von großer Bedeutung war hier auch die außergewöhnliche Bereitschaft der evangelischen Seite, auf die Wünsche der katholischen Bischöfe einzugehen und konstruktiv an der Revision mitzuarbeiten. Da viele Voten darauf zielten, sprachlich mehr auf die katholische deutsche Bibeltradition zurückzugehen, ergab sich das Kuriosum, daß die evangelische Seite uns darauf aufmerksam machte, daß diese »Rück-Schritte« im wesentlichen eine Hinwendung zur Luthertradition darstellten. Sie betonte dabei, eine solche »Rückwendung« könnten die evangelischen Mitarbeiter durchaus bejahen; sie wünschten aber, gerade als Alternative zur revidierten Lutherübersetzung, an der sprachlichen Form der Probefassung der Einheitsübersetzung soweit als möglich festzuhalten.

Bei der Revisionsarbeit auch war es, daß aus dem Kreis der evangelischen Mitübersetzer der Wunsch kam, die Gelegenheit zu nützen und die ökume-

nische Zusammenarbeit auf das ganze Neue Testament auszudehnen. Herrn Professor Heinz-Wolfgang Kuhn kommt das besondere Verdienst zu, hierzu den entscheidenden Anstoß gegeben zu haben. Dem gemeinsamen Antrag aller Übersetzer an die beiden deutschen Kirchenleitungen entsprachen diese dann bereitwillig. Denn es war vorauszusehen, daß nach Fertigstellung der Einheitsübersetzung eine lange Zeit vergehen würde, um zu voller Zusammenarbeit bei einer offiziellen Bibelübersetzung zu gelangen. Gerade bei den Einsprüchen gegen die Einheitsübersetzung kam auch die Wahrheit ans Licht, die der lateinische Schriftsteller Terentianus Maurus im 3. Jhdt. in seinem Carmen heroicum in den berühmten Satz faßte: »pro captu lectoris habent sua fata libelli« – »Ganz wie der Leser sie versteht, haben die Schriften ihr Schicksal«. Denn was hier, vergleichbar den konfessionell geprägten Kritiken der jeweiligen Bibelübersetzungen der Reformationszeit, polemisch ins Feld geführt wurde, offenbarte ein unglaubliches Maß an Mißverständnissen, Vorurteilen, Mißtrauen und Unterstellungen, das alle gutwilligen Mitarbeiter der Einheitsübersetzung nur in Verwunderung und Betroffenheit versetzen konnte. Mit dieser Feststellung soll keineswegs der Wert und die Notwendigkeit sachlich fundierter Kritik in Abrede gestellt werden. Die übergroße Mehrheit der Stellungnahmen und Vorschläge zur Verbesserung war sachlich begründet und hilfreich. All diesen ungenannten Mitarbeitern sei daher hier ebenfalls ausdrücklich gedankt. Nicht verschwiegen werden soll aber hier, daß auch unter den Bischöfen selbst zum Teil erhebliche Meinungsverschiedenheiten über die Qualität der Probefassung der Einheitsübersetzung bestanden. Nicht nur daß die verschiedenen bischöflichen Modi zu einzelnen Stellen oft gegensätzliche Auffassungen vertraten; das Gesamturteil reichte von »die derzeit schlechteste deutsche Übersetzung« bis zu »die derzeit beste deutsche Übersetzung«. Unter diesen Perspektiven kann man das Ringen um die Endfassung der Übersetzung und um dessen Approbation durch die deutschen Bischöfe durchaus als dramatischen Vorgang bezeichnen, und die Verantwortlichen dieser Revision wußten sehr wohl um diese Situation. Erwähnt zu werden verdient in diesem Zusammenhang die bedeutsame Aussage, die Bischof Schick in der entscheidenden Abschlußsitzung der Revisionskommission des Neuen Testaments im Februar 1978 in Frankfurt gemacht hat: »Die Wünsche und Modi der beteiligten Bischöfe und ihrer Berater sind ein Ausdruck der Wertschätzung der Hl. Schrift durch die Kirche und ein Zeichen ihres Verantwortungsbewußtseins für das biblische Wort.«
Diese sorgfältige und mühevolle Revisions- und Verbesserungsarbeit bereitete jedoch den Weg für die Approbation der Endfassung der Einheitsübersetzung durch alle Auftraggeber. Aus der Sicht der Mitarbeiter ist die Feststellung von Kardinal Höffner nach der Endfassung der Dt. Bischofskonferenz über die Einheitsübersetzung im Februar 1978 vollauf gerechtfertigt, diese Übersetzung stelle eine exegetisch zuverlässige, sprachlich verantwortliche Wiedergabe der Heiligen Schrift in unserer Muttersprache dar.

Bevor ich nun zu Ende komme, möchte ich noch auf ein heiteres Moment der Arbeit hinweisen: das Staunen und Lachen der Mitarbeiter selbst über manche Textfassungen im Übersetzungsprozeß. Nicht selten kam es vor, daß man bei der Revision wieder zum allerersten Entwurf zurückkehrte oder daß die Berücksichtigung verschiedener Verbesserungsvorschläge einen Text hervorbrachte, über den man – wenn die zum Teil hitzigen Debatten vorüber waren – sich nur wundern konnte; manchmal sah man wirklich vor lauter Bäumen den Wald nicht mehr. Daß trotz aller Verbesserungen kein Flickwerk entstand, ist sicher als kleines Wunder zu betrachten. Zu erwähnen sind noch die Mißverständnisse, die durch sogenannte sinnträchtige Druckfehler in den Lektionaren und in der Textausgabe entstanden. So z. B. die Wendung von »Gott, der in unzulänglichem Lichte wohnt« (statt: unzugänglich) oder die Aussage der lukanischen Bergpredigt: »Wohl euch, wenn die Menschen ... euren Samen verächtlich machen um des Menschensohnes willen« (statt: »Namen«), um von »gröberen Wirkungen des Druckfehlerteufels« zu schweigen. Vielleicht darf man hierzu auch die Schreibweise »Einheizübersetzung« (mit z) eines Kritikers im Prälatengewand rechnen. Wenn es trotz all dem Genannten und vielem Ungesagten dennoch zu einem guten Abschluß und damit zur Vollendung des Unternehmens »Einheitsübersetzung« kam, und zwar so, daß nun alle Auftraggeber und alle Mitarbeiter aus Überzeugung Ja sagen können zu dieser Übersetzung, so ist dies neben dem selbstlosen und dienstbereiten Einsatz aller Beteiligten zutiefst dem Geist Gottes und der Kraft des Wortes Gottes selbst zuzuschreiben. Denn allen Beteiligten blieb über die Jahre bewußt, daß sie aufgerufen waren, ihr eigenes Wort in den Dienst des Wortes Gottes zu stellen, damit es heute seine aufrufende, verheißende, lebenspendende Funktion möglichst vollgültig auch im deutschen Sprachgewand und durch die deutsche Sprache hindurch erfüllen könne. Es wird daher aller Beteiligten größte Freude und angemessener Lohn sein, wenn sie diesem unvergänglichen Wort Gottes ihr Wort und ihre Stimme so zu leihen vermochten, daß es in seiner vollen Kraft zum Wort des Heils für unser Volk in unserer Zeit zu werden vermag.

In diesem Sinne darf auch ich allen Mitbeteiligten aufrichtig für ihre Mitarbeit an dem großen Werk danken und der gemeinsam geschaffenen Übersetzung ein gnädiges, vom Geist erfülltes und vom Geist getragenes gutes Fatum wünschen.

□

Diesem Referat schloß sich an der *Bericht des früheren Vizepräsidenten der Kirche der Union und ersten Vorsitzenden des Evangelischen Bibelwerks, Professor Oskar Söhngen, Berlin,* dessen persönlichem Engagement es zu danken war, daß die zunächst sehr zurückhaltende Einstellung der Evangelischen Kirche in Deutschland wenigstens so weit geöffnet werden konnte, daß es zu einer ersten probeweisen Zusammenarbeit kam.

# Die Einheitsübersetzung unter ökumenischem Aspekt

Vizepräsident a. D., Professor i. R. DDr. Oskar Söhngen

Wer die Freude und Ehre hatte, nicht nur in der Gemeinsamen Übersetzerkommission, sondern auch in der Arbeitsgemeinschaft für ökumenisches Liedgut mitarbeiten zu dürfen, dem mußten sich ungewollt Vergleiche über die unterschiedliche Dimension beider ökumenischer Kontakte aufdrängen. Zwar fällt zunächst die überraschende Parallele auf: Wie die Arbeit der Übersetzerkommission in die Einheitsbibel Eingang gefunden hat, so die des Arbeitsausschusses für ökumenisches Liedgut in das Einheitsgesangbuch »Gotteslob«; darüber hinaus stellt das Bändchen »Gemeinsame Kirchenlieder« ein erstes ökumenisches Gesangbuch dar, das gemeinsamer Besitz beider Kirchen ist. Aber das kann doch nicht darüber hinwegtäuschen, daß die Ausgangsposition für die Arbeit beider Ausschüsse sehr unterschiedlich war. Denn das Spannungsverhältnis zwischen der evangelischen und der katholischen Kirche weist in der binnenkirchlichen Infrastruktur unterschiedliche Grade auf. Der Zustand äußerster Entfernung voneinander herrschte auf dem Gebiet der Dogmatik, der kirchlichen Lehre, während eine latente Gemeinschaft zwischen katholischen und evangelischen Christen seit eh und je da bestand, wo sie das Lob Gottes sangen, im Hymnus und im Lied, ja in der Musik überhaupt. Das kann im Grunde nicht überraschen, ist es doch der gleiche Gott und Vater in Jesus Christus, der hüben und drüben im Heiligen Geist gerühmt und angebetet wird, und sind es auch die gleichen Rufe aus der Tiefe, die gleichen Erhöhungen, Begnadigungen und Beseligungen, die in der Sprache der Töne Widerhall finden.
Gleichwohl ist es eine bemerkenswerte Tatsache, daß der Urzustand ökumenischer Einheit im Gotteslob selbst inmitten der Spaltung der Kirchen im Reformationszeitalter und noch lange nachher fortbestanden hat. Hier gilt es in unseren Tagen nur etwas heimzuholen, was in der Vergangenheit niemals ganz verloren gegangen, wohl aber weithin verdrängt und vergessen worden war.
Für Martin Luther war die Musik ein Gleichnis der Freiheit des Evangeliums. Je souveräner sich eine Komposition von den festgelegten Regeln freimacht und je sicherer die musikalische Erfindung ihren eigenen Weg geht, desto näher steht eine solche Musik dem Evangelium. Darum konnte sich Luther dem genialen katholischen Hofkomponisten Ludwig Senfl in München so tief verbunden fühlen, daß er ihn, und nicht seinen musikalischen Mitarbeiter, den Urkantor der evangelischen Kirche, Johann Walter, in seinen Todesahnungen während des Augsburger Reichstags 1530 um die Komposition einer Sterbemotette über Psalm 4, Vers 9, bat: »Ich liege und schlafe ganz mit Frieden. Denn allein du, Herr, hilfst mir, daß ich sicher wohne.« Man muß nur einmal seinen Brief an Senfl gelesen haben, um zu spüren, wie tief die ökumenische Verbundenheit im Geist der Musik reicht. Selbst die ihm so feindlich gesinnten bayerischen Herzöge schließt Luther

in diese Gemeinschaft ein, weil sie »musicam ita fovent et honorant« (die Musik so fördern und ehren). Und Senfl? Er erfüllt nicht nur Luthers Wunsch nach einer Sterbemotette, sondern fügt von sich aus eine zweite mehrstimmige Komposition bei über den Psalmtext: »Non moriar, sed vivam« (Ich werde nicht sterben, sondern leben und die Werke des Herrn verkündigen). Von daher kann es nicht überraschen, daß unter den 17 Komponisten des wichtigsten musikalischen Sammelwerks der Reformation, Georg Rhaws »Neuen Deudschen Geistlichen Gesengen für die gemeinen Schulen«, vom Jahr 1544, nicht weniger als fünf katholische Autoren vertreten sind, darunter neben Ludwig Senfl, der elf Sätze beigesteuert hat – man höre und staune –, der oberste Kapellmeister seiner Apostolischen Majestät, des Kaisers Ferdinand I. in Wien, Arnold von Bruck. Man hat früher oft gemeint, die Mitwirkung katholischer Komponisten an einem solchen Hauptquellenwerk der Reformation nur mit deren offener oder heimlicher Zuneigung zu Luther erklären zu können. Aber für die Mitarbeit an Rhaws Sammelwerk bedarf es nicht solcher persongebundener Erklärungen und Hypothesen. Hierfür genügt der Hinweis auf das lebendige Bewußtsein ökumenischer Verbundenheit im Gotteslob der Musik. Wie sehr dies allgemein respektiert wurde, bezeugt am eindrucksvollsten die Tatsache, daß Arnold von Bruck sein Amt als oberster Kapellmeister am katholischen Wiener Hof unangefochten weiter ausüben konnte, obwohl er, nicht erst in der Rhawschen Sammlung, eine Reihe von Luthers eigenen Liedern mehrstimmig gesetzt hatte.

Die Gemeinschaft im Gotteslob hat sich nicht nur in den polyphonen Bearbeitungen evangelischer Kirchenlieder durch katholische Komponisten bewährt, sie findet auch in den Gesangbüchern beider Kirchen bewegenden Ausdruck. Es ist bekannt, daß Luther selbst Liedgut der alten Kirche: Hymnen, Sequenzen, Leisen und Cantionen, übernommen, übersetzt, bearbeitet oder mit weiteren Strophen ergänzt hat. Er hat sich in seinen verschiedenen Gesangbüchern auch bewußt zu dieser ökumenischen Tradition bekannt. So enthält z. B. das von ihm mitgestaltete Klugsche Gesangbuch eine eigene Rubrik: »Geistliche Lieder, von den Alten gemacht.« Entsprechend tragen auch die damals entstehenden katholischen Gesangbücher keine Scheu, protestantische Lieder aufzunehmen. Das klassische katholische Gesangbuch des Reformationsjahrhunderts von Johann Leisentritt aus dem Jahr 1567 konnte in dem grundlegenden Werk von Otto Ursprung: »Katholische Kirchenmusik« geradezu als »eine Zusammenfassung des katholischen und des protestantischen Liederschatzes« bezeichnet werden, soweit der letztere »für die Katholiken verwendbar« war. Auch spätere katholische Gesangbücher haben diese Großzügigkeit in der Übernahme von reformatorischen Liedern beibehalten. Erst in den Gesangbüchern des 19. und beginnenden 20. Jahrhunderts setzte sich eine wachsende Abkapselung gegen das reformatorische Lied durch. Wie sehr aber das Bewußtsein der ökumenischen Gemeinschaft im Gotteslob immer noch virulent war, wurde mir auf der Katholischen Akademikertagung in Essen 1924 deutlich; hier forderte man leidenschaftlich die Aufnahme der Lieder Paul Gerhardts und der anderen evangelischen Liederdichter auch in das katholische Gesangbuch. Daß schon nach wenigen Jahrzehnten dieses ersehnte – will's Gott: vorläufige – Ziel verwirklicht werden konnte, ist wahrlich ein ökumenisches Tedeum wert. Katholische und evangelische Christen können heute – wieder! – gemeinsam singen und beten.

Gegenüber der geräuschlosen Selbstverständlichkeit, mit der sich die beiden Kirchen im Gotteslob wiederfanden, muß die Entstehung der Einheitsbibel als geradezu sensationell bezeichnet werden. Sie war eine der großen Sensationen, die Gott sich vorbehalten hat und die der 118. Psalm meint, wenn er bekennt: »Das hat der Herr vollbracht, vor unseren Augen geschah dieses Wunder.« Es war ja nicht nur die von den Reformatoren behauptete Alleingeltung der Bibel als des Wortes Gottes, über der einst die Einheit der Kirche zerbrochen war, auch über die Auslegung der Bibel, angefangen vom articulus stantis et candentis ecclesiae, dem Artikel von der Rechtfertigung des Sünders allein aus Glauben, gingen die Meinungen scharf auseinander und verhärteten sich immer mehr, und es entsprach nur der Konsequenz ihres Standpunktes, wenn die alte Kirche sich scheute, die Bibel in die Hand des Kirchenvolks zu legen. So mußte denn der Gedanke einer gemeinsamen, ökumenischen Bibelübersetzung als so abwegig erscheinen, daß er m. W. nicht einmal in der Epoche der Aufklärung geäußert worden ist. Die große Wende kam dann durch das Zweite Vatikanische Konzil. Wenn schon gleich zu Beginn des Konzils, in der 1963 verabschiedeten »Konstitution über die heilige Liturgie«, in Artikel 7 von Gott gesagt wird: »praesens adest in verbo suo« (»gegenwärtig ist er in seinem Wort, da er selbst spricht, wenn die heilige Schriften in der Kirche gelesen werden«), wurde dadurch dokumentiert, was zwar in der Kirche nie geleugnet, aber auch noch nie mit dieser Eindeutigkeit lehramtlich verankert worden war. Daß damit eine neue Gewichtung verbunden war und verbunden sein sollte, wurde an der Aufwertung der bisherigen »Vormesse« zum »Wort-Gottesdienst« deutlich. Und daß dahinter der Glaube an die Selbstwirksamkeit des Wortes Gottes stand, zeigte sich gleich an einer Reihe von Bestimmungen: daß die Schriftlesungen auch in der lateinischen Messe in deutscher Sprache gehalten werden sollten, daß eine neue Leseordnung an die Stelle der bisherigen ökumenischen trat, um die ganze Vielfalt der Schrift entfalten zu können, vor allem aber, daß die Predigt für die Gemeindemessen verbindlich gemacht wurde. Voraussetzung für die Durchführung dieser Maßnahmen aber war das Vorliegen einer einheitlichen Bibelübersetzung. Es ehrt die Fuldaer Bischofskonferenz, daß sie bereits vor dem Zweiten Vatikanischen Konzil einen entsprechenden Beschluß gefaßt hatte, und es zeugt von vorbildlicher ökumenischer Gesinnung, wenn sie die Evangelische Kirche in Deutschland um Mitarbeit daran bitten ließ. Daß diese Bitte, die – hominum confusione – erst Jahre später den Rat der Evangelischen Kirche erreichte, dann abgelehnt wurde, wurde damit begründet, daß die Übersetzungsarbeiten schon zu weit fortgeschritten seien, als daß auf sie noch Einfluß ausgeübt werden könne; daneben spielte die Sorge eine Rolle, es könnte die Durchsetzung des eben revidierten Luthertextes des Alten Testaments durch die mit einer Mitarbeit geweckten Erwartungen behindert werden. Aber auch hier bewährte sich die alte Erfahrung, daß die Verlegenheiten der Menschen Gottes Gelegenheiten sind. Im Jahr 1965 hatten sich die Bibelgesellschaften aus der Bundesrepublik und West-Berlin zu einem Evangelischen Bibelwerk zusammengeschlossen und sich damit ein eigenständiges und handlungsfähiges Organ geschaffen. Dieses sah sich nun auf den Plan gerufen, weil sich hier gegenüber der wachsenden Zahl von privaten – an sich verdienstlichen, auf die Dauer aber die Eindeutigkeit und Einprägsamkeit des Bibelworts gefährdenden – modernen Übersetzungen die Aussicht auf eine *verbindliche* moderne Übersetzung eröffnete. In Frankfurt/M. kam es zu einer Begegnung mit Vertretern der Katholischen Kirche und des Katholischen Bibelwerks, auf der eine Einigung erzielt wurde: man beschloß die probeweise gemeinsame Erarbeitung eines Minimalprogramms, das die Festtagsperikopen, die altkirchlichen Cantica und 30 Psalmen umfassen sollte. Dieser Erfolg war vor allem dem mir inzwischen Freund gewordenen damaligen Direktor, jetzigen Professor, Otto Knoch zu danken, dessen beschwörende Mahnung: »Über der Bibel sind unsere beiden Kirchen einst auseinandergebrochen; sollten wir nicht daran glauben, daß sie über der Bibel auch einmal wieder zusammenkommen werden?« den Durchbruch brachte. Der Rat der Evangelischen Kirche gab grünes Licht für das Vorhaben, und damit konnte die Gemeinsame Übersetzerkommission ins Leben treten. Von ihrer Zusammenarbeit, ihrem Geist und ihrer Effizienz kann ich nicht reden, ohne ins Schwärmen zu geraten; sie gehört zu den schönsten Erinnerungen meines Lebens. Es bedeutete für uns alle eine Überraschung und eine beglückende Erfahrung, wie schnell wir uns auch in schwierigen Übersetzungs- und exegetischen Fragen verständigen konnten. Wenn gelegentlich Meinungsverschiedenheiten auftraten, kann ich mich an keinen einzigen Fall erinnern, in dem sich die beiden kirchlichen Lager frontal gegenübergestanden hätten; immer ging der Riß quer durch die Lager. Sicherlich hat dazu entscheidend beigetragen, daß auch die katholischen Theologen in den modernen hermeneutischen Methoden nicht weniger zu Hause waren als ihre evangelischen Partner. Ja, hin und wieder passierte es, daß selbst Neutestamentler von Rang bekannten, über der gemeinsamen Übersetzung seien ihnen ganz neue Aspekte und Tiefen dieser oder jener Bibelstelle aufgegangen. Wie unbedingt sich die Übersetzer allein ihrem theologischen Gewissen und dem Sinn des jeweils zugrundeliegenden Textes verpflichtet fühlten, zeigt auch die einmütige Übernahme des lutherischen sola fide in die Übersetzung von Röm 3,28: »Denn wir sind der Überzeugung, daß der Mensch nur durch den Glauben gerecht wird.« Diese Einmütigkeit im Geist fand ihre schönste Bewährung in den ökumenischen Gottesdiensten, die die Mitglieder der Kommission auf ihren sich oft bis in den Sonntag hinziehenden Sitzungen miteinander feierten.

Die vorgelegten Proben der gemeinsamen Übersetzung und nicht zuletzt die immer bemühte, sachkundige Vermittlung des Referenten der Kirchenkanzlei, Oberkirchenrat Gundert, führten dazu, daß sich der Rat mit einer kontinuierlichen Erweiterung des Radius der Gemeinsamen Übersetzertätigkeit einverstanden erklärte und schließlich in aller Form in die Mitverantwortung für diese eintrat. Die einzelnen Stadien und Formen der Ausdehnung der ökumenischen Übersetzungs- und Revisionsarbeit auf das Ganze des Neuen Testaments und des Psalters sind in den ihnen zugänglichen Unterlagen beschrieben.

Besonderer dankbarer Erwähnung bedarf in diesem Zusammenhang der Name von Professor Ferdinand Hahn, der unermüdlich darauf gedrängt hat, daß die Pflöcke der Zusammenarbeit immer weiter gesteckt wurden, und der selber einen wesentlichen Teil der entstandenen Mehrarbeit trug.

Mit der Einheitsübersetzung ist ein Faktum von kirchengeschichtlichem Rang geschaffen worden, von dem erhofft werden darf, daß es weit in die Zukunft wirken wird, auch wenn die Evangelische Kirche und ihre Liturgie an der Lutherübersetzung festzuhalten gewillt ist. Nicht nur daß die ökumenische Übersetzung in den erfreulicherweise immer mehr in Übung kommenden ökumenischen Gottesdiensten gebraucht werden soll, ist die deutsche Bibel nun das gemeinsame Fundament für beide Kirchen geworden. Beide aber sind sich letztlich in der Überzeugung einig, die Luther einmal so formuliert hat: »Die Bibel allein ist der rechte Herr und Meister über alle Schrift und Lehre auf Erden« (WH. 7,317). Damit ergibt sich zugleich eine neue, unerhörte Chance für die Zukunft des Christentums in unserem Volk. Denn wir dürfen dem Wort Gottes zutrauen, daß es sich auch fernerhin, Glauben weckend, seinen Weg bahnen wird, so wie das im 55. Kapitel des Jesajabuches verheißen ist – eine Verheißung, die Joh. Seb. Bach zu einer seiner großartigsten Kantaten inspiriert hat: »Gleichwie der Regen und Schnee vom Himmel fällt und nicht wieder dahin zurückkehrt, sondern feuchtet die Erde und macht sie fruchtbar und läßt wachsen, daß sie gibt Samen zu säen, und Brot zu essen, so soll das Wort, das aus meinem Munde geht, auch sein: Es wird nicht wieder leer zu mir zurückkommen, sondern wird tun, was mir gefällt, und wird ihm gelingen.«

☐

Nach einem kurzen *Musikstück* vereinte ein *festliches Mahl* Auftraggeber, Verantwortliche der Arbeit, Übersetzer und Mitarbeiter sowie Vertreter der Katholischen Bibelanstalt, des Sekretariats der Deutschen Bischofskonferenz und Gäste. Mit großer Freude wurde auf das Gelingen der Arbeit angestoßen, wichtiger und erheiternder Episoden und Vorgänge gedacht und dankbar die so fruchtbare ökumenische Zusammenarbeit gefeiert, die zu einer echten Gemeinschaft im Geist geführt hatte.

Es war bei dieser Gelegenheit, daß Landesbischof Lohse mit einem gewissen Bedauern feststellte, nun sei die so fruchtbare, fortwährende gemeinsame Begegnung und Zusammenarbeit zu Ende, worauf Kardinal Höffner bemerkte, es gelte dieses Ende als neuen Anfang zu begrüßen und daher zu überlegen, wie diese große Grundlage der Gemeinschaft im Wort Gottes nun erschlossen und fruchtbar gemacht werden könne für die noch ausstehende Einheit der Kirche Christi. Diese Einheit sei aber durch die Vollendung der Einheitsübersetzung nicht nur neu bewußt gemacht worden, sondern ihrer vollen Verwirklichung ein bedeutsames Stück näher gekommen.

Mit keinem Wort kann dieses bedeutsame Ereignis in seiner ökumenischen Bedeutung besser gewürdigt werden als durch den *Ausspruch*, den *Kardinal Augustin Bea* tat, als er 1964 dem Katholischen Bibelwerk und der Württembergischen Bibelanstalt in Stuttgart seinen ersten Besuch abstattete und dem damaligen Leiter dieses berühmten Bibeldruckhauses, Prälat Theodor Schlatter, der lange Jahre an der Einheitsübersetzung mitarbeitete, die Hand hinstreckte und dabei sagte: »Hat es bisher geheißen: ›Nebeneinander her!‹ und sogar ›Gegeneinander‹, so heißt es jetzt: ›Im Geist des Wortes Gottes aufeinander zu‹ und ›miteinander weiter!‹«

# VI. DIE AUSWIRKUNGEN DER PRESSEKONFERENZ IN BONN

# 1. Allgemeine Übersicht

Die Nachricht von der Vollendung der ökumenischen Einheitsübersetzung fand nach Auskunft der Pressestelle des Sekretariats der Deutschen Bischofskonferenz und nach Ausweis des Pressedokumentationsdienstes ein außergewöhnliches, vollauf positives Echo.

Zunächst wurde diese Nachricht noch am Abend des 1. Oktober 1979 in den Nachrichtensendungen beider deutscher Fernsehanstalten mit dem Bild von der Überreichung der fertigen Exemplare des Neuen Testamentes an Kardinal Höffner und Landesbischof Lohse durch Professor Knoch, gut plaziert und in hinreichender Länge, gesendet. Alle deutschen Rundfunksender brachten in den Nachrichtensendungen nach dem 1. Oktober mehrfach Hinweise auf dieses Ereignis; die Redaktionen des Kirchenfunks berichteten ausführlich darüber.

Alle bedeutenden deutschen Zeitungen brachten bereits am 2. Oktober, zum Teil auf der Titelseite, immer jedoch an ausgezeichneter Stelle, Berichte über die Fertigstellung der Einheitsübersetzung und über deren ökumenischen Charakter und bezogen sich dabei sowohl auf die Pressekonferenz wie auf die Dokumentation. Insgesamt zählte der Presseausschnittdienst über 70 Berichte, darunter sehr ausführliche, wobei auch die großen Presseorgane nicht zurückstanden, so die Frankfurter Allgemeine, die Frankfurter Neue Presse, die Frankfurter Rundschau, die Rheinische Post, die Deutsche Zeitung, die Bonner Rundschau, die Welt, der Rheinische Merkur, der Tagesspiegel, die Stuttgarter Zeitung, die Westdeutsche Allgemeine, die Kölner Rundschau, der Münchner Merkur, die Südwestpresse, die Augsburger Allgemeine, die Badischen Neuesten Nachrichten, aber auch viele mittlere und kleinere Zeitungen.

Hinzu kamen noch die zahlreichen Veröffentlichungen der Kirchenpresse.

Das charakteristische Foto, das viele Presseinformationen begleitete, war das Bild der lächelnden Leiter der beiden großen deutschen christlichen Kirchen, Kardinal Höffners und Landesbischof Lohses, die gemeinsam das Neue Testament der Einheitsübersetzung hochhalten und dabei eine herzliche Gemeinsamkeit erkennen lassen.

Die Dokumentation bietet zunächst einige typische Überschriften und druckt sodann einige bezeichnende Berichte verschiedener Zeitungen ab.

# 2. Überschriften und Schlagzeilen

## Die neue Einheitsbibel
Kardinal Höffner nennt sie ein »einmaliges Ereignis«
(Münstersche Zeitung)

## Gemeinsame Bibelübersetzung
Erstmals für alle Christen des deutschsprachigen Raumes
(Neue Osnabrücker Zeitung)

## Gemeinsames Testament der Christen
Kardinal Höffner und Ratsvorsitzender Lohse übergaben den neuen biblischen Einheitstext
(Hildesheimer Allg. Zeitung)

## Einheitsübersetzung der Heiligen Schrift
Neuer Text soll Weg zur Botschaft der Bibel ebnen
(Neue Westfälische Zeitung, Bielefeld)

## Die Bibel spricht jetzt eine neue Sprache
(Bonner Rundschau)

## Gemeinsame Bibelübersetzung für deutschsprachigen Raum
Katholisch-evangelische Zusammenarbeit erfolgreich
(Aachener Volkszeitung)

## Evangelisch-Katholische Einheitsbibel
(Frankfurter Neue Presse)

## Bibelübersetzung: Ökumenische Genugtuung:
Neues Testament für beide Kirchen
(Deutsche Zeitung)

## Das Wort sie sollen lassen stahn...
(Die Welt)

## Gemeinsame Bibelübersetzung
Einheit im Wort
(Rheinischer Merkur)

## Neues Testament: evangelisch-katholisch
(Frankfurter Allgemeine)

## Gemeinsames Testament der Christen

Zur neuen Einheitsübersetzung der Bibel
(Stuttgarter Zeitung)

## Gemeinsame Bibel für deutsche Katholiken und Protestanten

Kardinal Höffner und Landesbischof Lohse präsentieren die erste interkonfessionelle Übersetzung des Neuen Testaments
(Frankfurter Rundschau)

## Zuverlässiger Weg zur Botschaft der Bibel

Kardinal Höffner würdigt Einheitsübersetzung der Hl. Schrift
(Passauer Neue Presse)

## Einheitsbibel »einmalig«

Aber die EKD hält am revidierten Text der »Luther-Bibel« fest
(Koblenzer Zeitung)

## Einheitsbibel für alle Christen

Katholiken und Protestanten stellten neuen Text vor
(Generalanzeiger Bonn)

## Vertieftes Verständnis

Kardinal Höffner lobt die Einheitsbibel
(Kölner Stadtanzeiger)

## Neues Testament gemeinsam

»Einheitsbibel« vorgestellt
(Westdeutsche Allgemeine)

## Gemeinschaftsarbeit für die Bibel

Nach 18 Jahren ist die katholisch-evangelische Übersetzung des Neuen Testamentes fertiggestellt
(Augsburger Allgemeine)

## Schritt in Richtung Einheit

(Main-Post Würzburg)

## Bibel für beide Konfessionen

(Nordsee-Zeitung, Bremerhaven)

## Brückenschlag zwischen den Kirchen Deutschlands

(Bremer Nachrichten)

## Wurzeln bis zu Wulfila

(Deutsches Allgemeines Sonntagsblatt, Hamburg)

# 3. Verschiedene Berichte

## Die neue Einheitsbibel
### Kardinal Höffner nennt sie ein »einmaliges Ereignis«

Als ein »einmaliges Ereignis« in der Geschichte der christlichen Kirchen Europas bezeichnete der Vorsitzende der Katholischen Deutschen Bischofskonferenz, Kardinal Joseph Höffner, eine von katholischen und evangelischen Theologen erarbeitete Übersetzung des Neuen Testaments. Gemeinsam mit dem Ratsvorsitzenden der Evangelischen Kirche in Deutschland (EKD), Landesbischof Eduard Lohse, stellte Höffner die neue »Einheitsbibel« in Bonn der Öffentlichkeit vor.

Der »Brückenschlag zwischen den seit der Reformation gespaltenen Christen deutscher Sprache« (Höffner) bleibt jedoch unvollkommen: Laut Lohse wird die EKD weiter am revidierten Text der »Luther-Bibel« festhalten. Die zusätzliche Lektüre der Neuübersetzung werde jedoch, so Lohse, zu einem »vertieften Verständnis der Bibel führen«. In der katholischen Kirche dagegen wird die neue »Einheitsbibel« dem Nebeneinander zahlreicher verschiedener Textausgaben ein Ende bereiten. Außer in der Bundesrepublik wird sie auch in Österreich, Südtirol, Luxemburg und den deutschsprachigen Gemeinden in Belgien und dem Bistum Straßburg gelten.

Von den Texten des Alten Testaments, das bis zum Februar 1980 erscheinen soll, entstanden nur die Psalmen in gemeinsamer, von beiden Kirchen verantworteter Übersetzungsarbeit. Da die neue Einheitsbibel laut Höffner den Gläubigen einen »zeitgemäßen, verständlichen und sprachlich überzeugenden Zugang zum Gehalt der biblischen Schriften eröffnen« soll, waren neben Theologen auch zahlreiche Sprachwissenschaftler an der Arbeit beteiligt.

(Münstersche Zeitung 3. 10. 1979)

## Einheitsübersetzung des Neuen Testaments vorgelegt
# Weg zur Botschaft ebnen...

Die katholische und die evangelische Kirche in der Bundesrepublik haben gestern in Bonn die neue Einheitsübersetzung der Heiligen Schrift der Öffentlichkeit vorgestellt. Wie der Vorsitzende der Deutschen Bischofskonferenz, Joseph Kardinal Höffner, vor der Presse in Bonn erklärte, ist die Übersetzung des Neuen Testaments im bewußten ökumenischen Zusammenwirken entstanden. Es wolle »allen Menschen deutscher Sprache heute einen zuverlässigen Weg zur Botschaft der Bibel ebnen«. Der Vorsitzende des Rates der Evangelischen Kirche in Deutschland (EKD), Landesbischof Eduard Lohse, begrüßte die Übersetzung als »wissenschaftlich, zuverlässig und präzise«. Die evangelische Kirche sei froh darüber, daß das Werk gemeinsam entstanden sei. Kardinal Höffner gab zu verstehen, daß die neue Übersetzung im Bereich der katholischen Kirche ab sofort genutzt werde, dies gelte auch für den Unterricht in Schulen. Der EKD-Vorsitzende Lohse betonte, daß in der evangelischen Kirche weiterhin die Lutherbibel für den liturgischen Bereich verwendet würde. Die neue Bibelübersetzung sei vor allem für ökumenische Veranstaltungen vorgesehen. Die Schwierigkeiten bei der praktischen Nutzung der neuen Übersetzung in der evangelischen Kirche begründete Lohse mit den unterschiedlichen Organisationsformen. Die Arbeit an der Bibelübersetzung begann bereits 1962. Der damalige Vorsitzende der Fuldaer Bischofskonferenz, Josef Kardinal Frings, hatte den Auftrag erteilt. »Von Anfang an wurde darauf geachtet, die Übersetzung so zu gestalten, daß sie allen Menschen deutscher Sprache, auch denen, die der Kirche oder dem christlichen Glauben fernstehen, einen zeitgemäßen, gut verständlichen und sprachlich überzeugenden Zugang zum Gehalt der biblischen Schriften eröffnet«, sagte Höffner. Darum seien auch angesehene Fachleute der deutschen Sprache und die Gesellschaft für deutsche Sprache zur Mitarbeit herangezogen worden. Für die offizielle Übersetzung der Bibeltexte zeichnen in den Druckvermerken nur Männer verantwortlich. Wie die Herausgeber betonten, waren jedoch auch Frauen an der Übersetzung beteiligt. Sie gehörten zu dem großen Stab von Mitarbeitern, die sich jahrelang mit den Texten befaßt hätten. Die Einheitsübersetzung des Neuen Testaments umfaßt in der Volksausgabe 656 Seiten. Sie enthält Landkarten über die Gebiete, in denen das Geschehen beschrieben wird. Die Einheitsübersetzung des Alten Testaments konnte noch nicht vorgelegt werden, weil die Druckarbeiten noch andauern. ap

(Rheinische Post 2. 10. 1979)

Bibelübersetzung

# Ökumenische Genugtuung

Neues Testament für beide Kirchen
Von Heinrich Stubbe

*Seit 1966 arbeiteten Protestanten und Katholiken an einer gemeinsamen Bibelübersetzung. Es gab keinen Glaubensstreit.*

Mit der Ökumene, den Gemeinsamkeiten zwischen der katholischen und der evangelischen Kirche in Deutschland, steht es gewiß nicht zum besten. Wollen die Gemeinden, die einzelnen Christen auch bereitwillig die alten Schatten überspringen, so sind es die Hierarchien, die zögern und Bedenken anmelden. In diesen Tagen aber besteht Grund zur ökumenischen Genugtuung. Im Beisein des Vorsitzenden der Deutschen Bischofskonferenz, Kardinal Joseph Höffner, und des Vorsitzenden des Rates der Evangelischen Kirche in Deutschland, Landesbischof Eduard Lohse, konnte in Bonn die Einheitsübersetzung der Heiligen Schrift, und zwar das Neue Testament als gemeinsames Werk vorgestellt werden. Und da mit Zustimmung der Bischöfe Österreichs, der Schweiz, des Bischofs von Luxemburg, von Lüttich und von Bozen-Brixen, ja sogar des Straßburger Bischofs fast der ganze deutschsprachige Bereich einbezogen wurde, kann wirklich von einer ökumenischen Großtat die Rede sein.
Doch so ganz selbstverständlich und schnell verlief die Zusammenarbeit zwischen den beiden Kirchen in der Bundesrepublik nicht. In den Jahren 1961/62, bestätigt durch das römische Konzil, war bei den Katholiken die Absicht vorhanden, eine neue Übersetzung der Heiligen Schrift aus den Urtexten in die Gegenwartssprache zu erstellen. Von Anfang an war man um die Mitarbeit der evangelischen Kirche bemüht. Dies war naheliegend. Einmal lag es in einer gewissen Tradition. Alle katholischen Bibelübersetzer seit der Reformation bis hin zu dem bekannten Interpreten des 19. Jahrhunderts, Joseph Franz von Allioli, haben auf Martin Luthers meisterliche Übersetzung zurückgegriffen. Zum anderen wünschten die katholischen Initiatoren, daß im 20. Jahrhundert der neue Text auch ökumenisch Verwendung finden könnte. Etwaige Hintergedanken wurden sofort ausgeräumt. Die evangelische Seite müßte sich nicht verpflichten, den neuen Text anstelle der Lutherbibel zu übernehmen.
Der erste Kontakt 1963 mit Bischof Otto Dibelius scheiterte allerdings am Ämterwechsel in der EKD. Ein zweites Angebot zur Mitarbeit 1965 wurde vom Rat der EKD mit der Begründung abgelehnt, daß die Arbeiten auf katholischer Seite bereits zu weit fortgeschritten seien und daß man die Resonanz auf die revidierte Lutherbibel abwarten wolle. Erst eine Begegnung zwischen Kardinal Bea und dem damaligen Ratsvorsitzenden der EKD, Berlins Bischof Kurt Scharf, im Jahre 1966 brachte den Stein ins Rollen. Beteiligten sich die evangelischen Mitarbeiter zunächst nur an einem Minimalprogramm, etwa der Psalmenübersetzung, so konnte doch 1970 ein Vertrag über die generelle Zusammenarbeit der Bibelübersetzung abgeschlossen werden.

Es war dies der erste Vertrag zwischen den beiden Kirchen seit der Reformation. Und da es die Auslegung der Heiligen Schrift war, die einst zum Bruch der kirchlichen Einheit geführt hatte, wurde dieses Abkommen als ein besonderes Ereignis in der gewiß noch kargen Geschichte der Ökumene gewürdigt. Da man sich schnell auf die Loccumer Richtlinien einigte, verlief die Zusammenarbeit immer reibungsloser. Professor Otto Knoch konnte deshalb zum Abschluß feststellen, daß die konfessionellen Differenzen in den herkömmlichen, texttreuen Bibelübersetzungen im deutschen Bereich auf verschiedenen Sprach- und Frömmigkeitstraditionen beruhen, nicht aber auf den verschiedenen Glaubensauffassungen.

Die weitere Prozedur ging wie geplant vonstatten. Im Jahre 1972 wurde die vorläufige Endfassung des Neuen Testaments gedruckt und zur Erprobung in Schulen und Kirchen freigegeben. 15 000 Änderungsvorschläge wurden eingebracht und berücksichtigt. Mehr als 4000 kamen von der Gesellschaft für deutsche Sprache, zu deren Mitarbeitern so bekannte Namen wie Heinrich Böll, Walter Jens, Christa Reinig und Rudolf Henz zählen. Ziel war eine verständliche, gehobene Umgangssprache zwischen der Sakral- und der Vulgärsprache. Daß dies heute schwieriger und komplizierter ist als zu Luthers Zeiten, der dem einfachen Mann aufs Maul schaute, liegt auf der Hand.

Es ist Aufgabe der Kirche, die biblische Botschaft den Menschen in der Sprache nahezubringen, die sie reden und verstehen. In unserer Zeit haben die Frage nach dem Sinn des Lebens und die Suche nach der rechten Orientierung neue Bedeutung erlangt. Ob redivierte Lutherbibel oder neue Einheitsbibel – die Angebote liegen vor. Es bleibt die Hoffnung, daß sie auch benutzt und gelesen werden.

(Deutsche Zeitung 12. 10. 1979)

# Das Wort sie sollen lassen stahn...

Von Henk Ohnesorge

Der Begriff Ökumene (in kirchlichem Verständnis: die gesamte Christenheit betreffend) ist in den letzten Jahrzehnten besonders von nichtkatholischer Seite sehr strapaziert worden. Die Erwartungshaltung des raschen Aufeinanderzugehens der christlichen Konfessionen als Idee und Hoffnung stößt sich aber an realen Gegebenheiten. So ist es nur logisch, wenn die Deutsche Bischofskonferenz von der jetzt vorgelegten neuen Übersetzung des Neuen Testaments vorsichtig als von einer »Einheitsübersetzung« und nicht von einer ökumenischen Übersetzung spricht.

Einheitlich ist diese Übersetzung in der Tat, und zwar in einem doppelten Sinne: Der Text, an dem seit 1962 über hundert katholische und protestantische Fachleute der Bibelwissenschaft, der biblischen Sprachen, der Liturgik, der Katechetik und der Germanistik einträchtig zusammengearbeitet haben, wird im gesamten deutschen Sprachraum die verbindliche Version für die Katholiken sein – in den beiden deutschen Staaten ebenso wie in Österreich, in der Schweiz wie in Südtirol, in der Diözese Straßburg wie in der Diözese Lüttich (für Eupen und für Malmedy). Und der Text ist verbindlich für das Brevier des Klerus wie für die Lesungen im Gottesdienst.

Dies bedeutet das Ende der vielen verschiedenen Bibelübersetzungen im Gefolge des Zweiten Vatikanischen Konzils, das die Liturgie in der Landessprache brachte. Künftig wird die sorgsame Übersetzung des Urtextes an der Stelle der oft mehr oder minder schwungvollen freien, aber häufig ungenauen Übertragungen stehen, die manchmal nur noch Paraphrasierungen waren.

Mehr noch: Der neue Text ist die erste einheitlich akzeptierte Übersetzung im deutschsprachigen Raum der katholischen Kirche. Bisher gab es nur verschiedene private, zum gottesdienstlichen Gebrauch zugelassene Versionen. Daß eine Vereinheitlichung notwendig war, steht außer Zweifel. Über ihre eigentliche Zielsetzung sagte bei der Vorstellung Joseph Kardinal Höffner, der Vorsitzende der Deutschen Bischofskonferenz: »... Von Anfang an wurde darauf geachtet, die Sprache so zu gestalten, daß sie allen Menschen deutscher Sprache, auch denen, die der Kirche oder dem christlichen Glauben fernstehen, einen zeitge-

mäßen, gut verständlichen und sprachlich überzeugenden Zugang zum Gehalt der biblischen Schriften eröffnet.«
Gemeinsam haben katholische und protestantische Wissenschaftler die Einheitsübersetzung – das gesamte Neue Testament und im demnächst erscheinenden Alten Testament die Psalmen – erstellt. Dabei war die jüngst erschienene 26. Auflage des Novum Testamentum Graece, eine von Experten beider Konfessionen erarbeitete Auswertung von allen bekannten 5300 Handschriften des Neuen Testaments, ein unentbehrlicher Grundstein. Zusammenarbeit also überall. Und dennoch wird es, im Gegensatz zu Vaterunser und Glaubensbekenntnis, für deutsche Katholiken und Protestanten wohl nie eine einheitliche, gemeinsame Bibel geben. Dem steht auf protestantischer Seite der gewaltige Fels der Luther-Übersetzung entgegen.
Nicht, daß Luthers Werk für Katholiken Anathema wäre, daß man seine Verdienste nicht anerkennte. Dazu Joseph Kardinal Höffner: »... Bis zur Reformation zählte man 14 oberdeutsche und vier niederdeutsche Bibeldrucke. Martin Luther konnte auf diese Vorarbeiten zurückgreifen, als er daranging, seine meisterliche Übersetzung der gesamten Heiligen Schrift aus den Ursprachen in die deutsche Sprache zu schaffen. Er hat damit auch den katholischen Christen deutscher Zunge einen wertvollen Dienst geleistet. Alle bedeutsamen katholischen Bibelübersetzer seit der Reformation gingen bei ihm in die Schule. Hier sind vor allem die Übersetzungen von Johann Dietenberger, Johann Eck, Caspar Ulenberg, die Mainzer, die Straßburger und die Nürnberger Bibel zu nennen. Vor allem der überragende Bibelübersetzer des 19. Jahrhunderts, Joseph Franz von Allioli, griff bewußt auf Luther und auf die vorlutherische Übersetzungstradition zurück ...«
Das Hindernis liegt indessen anderswo. Die Evangelische Kirche in Deutschland wird, wie ihr Ratsvorsitzender, der Neutestamentler Eduard Lohse, erklärte, im Gottesdienst weiter die Luther-Übertragung benützen. Die im November 1976 auf protestantischer Seite vorgestellte Revision des Neuen Testaments befindet sich noch »in der praktischen Erprobung«. Häufig wird dieser Neufassung eine zu starke Anpassung an modernes Sprachempfinden auf Kosten des besonderen Charakters der Luthersprache vorgeworfen. (Auch bei der neuen Einheitsübersetzung gab es übrigens rund 15 000 Einwände, die sich fast immer auf Fragen des Ausdrucks – Volk oder Menge, Kleider oder Gewänder? – bezogen.)
Für die allermeisten deutschen Protestanten bleibt die Luther-Übersetzung, auch und gerade weil die jüngste Revision in einzelnen Punkten Beschwer bereitet, »ihre Bibel« (Lohse). Zu viel ist damit verbunden, zu viele Wendungen Luthers sind zum Grundstock protestantischen Selbstverständnisses geworden. Die Forderung nach einer Bibel auch für den Laien war ja schon für die Reformatoren und ihre Vorläufer ein Hauptanliegen. Die jahrhundertelange Übung der häuslichen Bibellektüre an Hand der Lutherbibel – die heute wieder eine Wiedergeburt auch dort zu erleben scheint, wo kirchliche Bindungen locker sind – hat unauslöschliche Spuren hinterlassen. »Die ganze Heilige Schrift deutsch« und Luther sind für die meisten deutschen Protestanten einfach ein untrennbarer Begriff. Daran ändert auch nichts, daß es durchaus zahlreiche mehr oder minder gute, häufig gelesene moderne Übersetzungen anderer Autoren gibt.
Sie speziell sprach der Ratsvorsitzende der Evangelischen Kirche in Deutschland an, als er die jetzige Einheitsübersetzung mit dankbarer Freude begrüßte, mit dem Hinweis darauf, daß Vielfalt immer Reichtum bedeute, daß die neue Übersetzung also eine Bereicherung darstelle, eine gegenseitige Ergänzung, und daß »man mit zwei Augen besser als mit einem« sehe.
Zur Lektüre neben der Luther-Bibel wird die Einheitsübersetzung begrüßt – aber im Gottesdienst der Evangelischen Kirche in Deutschland wird die Einheitsübersetzung nur bei ökumenischen Veranstaltungen benützt werden. Das Buch der Bücher, gemeinsam von Fachleuten beider großer Konfessionen in vielen Jahren gemeinsam in der Version der Einheitsübersetzung erarbeitet: geradezu exemplarisch zeigen sich an ihm Möglichkeiten und Grenzen dessen, was man einem Fast-Modewort Ökumene heißt.
(Die Welt 6. 10. 1979)

# Gemeinsames Testament der Christen
## Zur neuen Einheitsübersetzung der Bibel

Friedrich Weigend

Nach mehr als vier Jahrhunderten der zuweilen gleichgültigen, zuweilen feindseligen Trennung haben die Christen der beiden großen Kirchen des deutschen Sprachraums, die sich einst nicht zuletzt über der rechten Ausdeutung der Bibel zerstritten haben, nun wieder einen gemeinsamen muttersprachlichen Text des Neuen Testaments. Einige wichtige Abschnitte des Alten Testaments werden im kommenden Frühjahr folgen. In einer gemeinsamen Pressekonferenz übergaben Kardinal Höffner für die katholische und der Ratsvorsitzende der EKD für die evangelische Kirche den gemeinsam vom Katholischen Bibelwerk und der Deutschen Bibelstiftung (beide mit Sitz in Stuttgart) herausgegebenen Text der »Einheitsübersetzung«. Sie ist von der katholischen Kirche zum offiziellen Gebrauch bei allen Gottesdiensten wie auch beim Religionsunterricht bestimmt. Dies gilt sowohl für die Bundesrepublik und die DDR wie auch für Österreich und die deutschen Sprachgebiete der Schweiz, Italiens, Luxemburgs und Belgiens.
Während für die Katholiken ältere, von der Kirche anerkannte Bibeltexte nur mehr in Ausnahmefällen eine Rolle spielen werden, bedeutet für die evangelischen Christen der jüngst sprachlich revidierte Text Martin Luthers ein so hohes Gut, daß er in manchen Landeskirchen, unter anderem auch in Württemberg, weiter beim Gottesdienst verwendet werden soll. Es fiel auf, daß der Ratsvorsitzende, Landesbischof Lohse, der als Exeget des Neuen Testaments selbst an der Übersetzung mitgearbeitet hat, dieses Nebeneinander ausdrücklich anerkennt. Seiner Auffassung nach stellt die Einheitsübersetzung eine Bereicherung, aber kein strenges Monopol dar.
In den Begleitworten des Kölner Kardinals Höffner kam die Genugtuung über die Zusammenarbeit der mehr als hundert Wissenschaftler aus den verschiedensten Disziplinen zum Ausdruck. Eine Vereinbarung aus dem Jahre 1972, in der man sich über die gleichmäßige Schreibung der Eigennamen hebräischen und griechischen Ursprungs verständigte, sei der erste Vertrag zwischen den beiden Kirchen seit der Trennung in der

Reformation gewesen. Kardinal Höffner erinnerte an die frühen germanischen Bibelübersetzungen, die um 340 mit dem gotischen Text des Bischofs Ulfilas begonnen haben und über das Mittelalter hin fortgesetzt wurden. Dem Text Luthers verdanken nach Höffners Worten auch die Katholiken sehr viel. Ihre eigenen Übersetzungen gingen neben dem Urtext bisher alle von Luthers Grundlage aus.
Die nicht eben harmonische Geschichte der achtzehn Jahre, die diese Übersetzung in Anspruch genommen hat, rekapitulierte Professor Otto Knoch, heute in Passau, früher lange Jahre hindurch Direktor des Katholischen Bibelwerks in Stuttgart. Er ging bis auf das Jahr 1961 zurück, in dem, noch vor dem II. Vatikanischen Konzil, die Anregung für einen erneuerten Bibeltext geboren wurde. Rottenburgs damaliger Bischof Carl Joseph Leiprecht gehörte zu den ersten Vorarbeitern. Für die Katholiken bekam die Arbeit Vordringlichkeit, als das Konzil die Verwendung der Muttersprache im bisher lateinischen Gottesdienst zur Pflicht machte und dafür neue, offizielle Texte verlangte. Die evangelischen Christen beteiligten sich schon bald an diesem Vorhaben, das insbesondere durch den Ratsvorsitzenden, Landesbischof Claß, aber auch durch eine Reihe bekannter Exegeten stark gefördert wurde.
Als wertvoll erwies sich die Mitarbeit der Gesellschaft für die deutsche Sprache Wiesbaden wie auch die beratende Tätigkeit von Wissenschaftlern aus den Tübinger Seminaren von Walter Jens. Mit schwäbischer Offenheit erzählte Otto Knoch von den Hemmnissen, die dieses mit viel Elan begonnene Werk bis zu seiner Fertigstellung überwinden mußte. Nicht nur die Übersetzer selbst rangen oft wochenlang um den richtigen Ausdruck. Auch die nach Tausenden zählenden Eingaben, die durch die bisher erschienenen Probetexte veranlaßt wurden, sparten nicht mit einer zuweilen sehr gereizten und polternden Kritik. Die jetzt gefundene Lösung ist vergänglich, wie jedes Sprachwerk. Aber sie versucht, den Text des Neuen Testaments auch Menschen nahezubringen, die in ihrer

großen Mehrheit dem kirchlichen Leben mit seinen festgefügten Begriffen und Ausdrücken fernstehen. Ein sparsamer Apparat von Fußnoten erleichtert dem Laien das Verständnis ebenso wie einige

ergänzende geographische und zeitgeschichtliche Angaben. Die ersten 30000 Exemplare dieses »Neuen Testaments« sind bereits vergriffen.

(Stuttgarter Zeitung 3. 10. 1979)

# Die Bibel spricht jetzt eine neue Sprache

Gestern wurde die katholisch-evangelische Einheitsübersetzung vorgestellt

Von Helmut Keiser

»Selig, die arm sind vor Gott«, »Selig, die keine Gewalt anwenden«. – Die Bibel, das Buch der Bücher, spricht seit gestern eine andere, eine neue Sprache. 18 Jahre Arbeit ungezählter Kommissionssitzungen, Ausschüsse, Gutachter liegen zurück, seit das Katholische Bibelwerk durch eine Denkschrift im Jahre 1961 darauf hinwies, daß es an der Zeit sei, für alle deutschsprachigen katholischen Christen in Europa eine einheitliche Bibelübersetzung zu schaffen.

Aber als gestern morgen im Bonner Münster die neue und für die Katholiken verbindliche Bibel übergeben wurde, geschah dies in einem ökumenischen Gottesdienst: Katholiken und auch Protestanten haben zu einer gemeinsamen Sprache gefunden, sich auf den Bibeltext einigen können.

Zwar bleibt für evangelische Christen die Übersetzung Luthers weiterhin der offizielle Text. Doch geht der Rat der evangelischen Kirche davon aus, daß die neue Einheitsübersetzung »von zahlreichen evangelischen Gemeindegliedern und Gemeindegruppen gelesen wird. weil es evangelische Christen weithin gewöhnt sind, neben der Lutherbibel auch andere Übersetzungen zu verwenden«.

Nur durch das Hören erschließe sich dem Christen das Wort Gottes, sagte der Vorsitzende der Deutschen Bischofskonferenz, Kardinal Joseph Höffner, gestern in seiner Predigt. Und darum müßten alle darauf achten, daß Gottes Wort nicht ausgehöhlt werde. Deshalb auch die neue Bibel, zu deren Erscheinen der Ratsvorsitzende der evangelischen Kirche, Landesbischof Eduard Lohse, von einer »beglückenden Erfahrung« sprach, daß katholische und evangelische Christen einander begegnen und gemeinsam die Heilige Schrift lesen können.

## Hürden beseitigt

Dazu kam es, weil das Zweite Vatikanische Konzil die Verwendung der Landessprache im Gottesdienst erlaubte. Da aber die moderne Bibelübersetzung in ökumenischer Zusammenarbeit entstehen sollte, räumte Rom auch noch eine weitere Hürde aus dem Weg: Übersetzungsgrundlage für die Einheitsbibel sollte der Urtext sein. An der lateinischen »Vulgata«, die bislang authentische Bibelübersetzung für alle Katholiken war, wurde für dieses Projekt nicht festgehalten.

Die ersten veröffentlichten Probetexte aus dem Jahre 1970 fanden jedoch nicht einhellige Zustimmung. Einerseits trennten sich manche Christen nur ungern von liebgewonnenen Formulierungen und Wortfassungen, hätten in der Bergpredigt beispielsweise weiterhin gern die Vokabeln vom »Sanftmütigen« und von den »geistig Armen« gelesen.

Kritik wurde auch laut, weil man sich bei der »neumodischen Bibel« fragte, wer denn über den Wortschatz und die Regeln der heutigen gehobenen Umgangssprache überhaupt befinden könne. Denn eine neue Ordnung für unsere Sprache, wie sie einst Luther mit seiner Bibel als erstem deutschsprachigem Buch lieferte, erwartete vom Einheitstext nun keiner.

Auch waren es nicht nur geistliche Gelehrte, die sich an die jahrzehntelange Übersetzerarbeit machten – zahlreiche haben die Vollendung des Werkes nicht mehr miterleben können –, sondern man rief auch weltliche Berater zu Hilfe, etwa den Schriftsteller Heinrich Böll. Die Gesellschaft für Deutsche Sprache war ebenfalls auf dem Plan, um den biblischen Sprachschatz zu modernisieren, Schachtelsätze zu verändern und »typische Biblizismen«, wie die häufige Ver-

wendung des Wortes »und« an Satzan-
fängen, zu streichen.
Doch zum Schluß wurden sich alle einig
und veröffentlichten eine Bibel, über die
sicher noch diskutiert wird, die vor allem
aber auch »gebraucht« werden wird.

*Der erste Vertrag*
Es ist die erste von katholischer Seite in
Auftrag gegebene, offizielle Übersetzung
der ganzen Bibel aus den Urtexten ins
Deutsche, die erste Übersetzung, die von
allen katholischen Bischöfen gutgehei-
ßen wurde, die erste Bibel, an der beide
Konfessionen offiziell mitgewirkt ha-
ben.
Der erste Vertrag, der auf deutschem Bo-
den zwischen den beiden Kirchen seit der
Reformation geschlossen wurde, betraf
die Übersetzung dieser Bibel.
(Bonner Rundschau 2. 10. 1979)

# Einheitsbibel
## K.-J. Miesen

Geraume Zeit hatte es den Anschein, als
habe sich die ökumenische Bewegung
der christlichen Kirchen festgefahren.
Über die drei großen Hürden des unterschiedlichen Priesteramts- und Eucharis-
tie-Verständnisses sowie des Primats
des Papstes schien kein weiteres Zueinander möglich. Zudem schlägt zwar Johannes Paul II. auch evangelischerseits
menschliche Zuneigung entgegen; aber
seine bisherigen dogmatischen und liturgischen Reden und Handlungen
scheinen manchen – vielleicht nur allzu
dürftig zugeschotterten – Graben der
Trennung wieder aufzureißen. Nach-
drückliches Beharren etwa auf dem Zöli-
bat der Priester oder glühende Marien-
verehrung seitens des Papstes sind manchem Ökumeniker ein Dorn im Auge.
In dieser scheinbar zunehmenden Ver-
härtung der religiösen Fronten, bei denen
Möglichkeiten der Klärung allerdings
niemand übersehen sollte, stellen nun
die deutschsprachigen Kirchen eine gemeinsame Bibelausgabe vor. Das kann
man als ein gewichtiges Zeichen dafür
nehmen, daß die ökumenische Bewegung gleichsam unter der Asche von Resignation und Gleichgültigkeit weiter-
glüht. Das Neue Testament ist die
Grundlage alles Christentums. Erst auf
ihm als einheitlicher Basis kann Ökumene überhaupt aufgebaut werden. Einheit im Glauben hat als Bedingung Einheit im Wort.
Dabei sollte uns die Deutsche die Ein-
schränkung der evangelischen Seite, daß
die Luther-Bibel in ihrer Liturgie weiterhin verwendet werde, nicht betrüben,
sondern mit Stolz erfüllen: Ist doch das
gewaltige Werk des Reformators die
wohl wichtigste Grundlage unserer heutigen Sprache. Die Luther-Übersetzung
im kirchlichen Gebrauch aufgeben, hie-
ße, sie im Staube germanistischer Bü-
cherschränke ersticken lassen.
Den Verfassern der Einheitsübersetzung
des »Buchs der Bücher« ging es darum,
den Menschen von heute eine Verste-
henshilfe für das Wort Gottes anzubie-
ten. Ob sie den Ton getroffen und den
Sinn erhellt haben, wird auch die Zukunft des religiösen Lebens in Deutschland erweisen.
(Bergische Morgenpost, Remscheid, 2. 10. 1979)

Einheitstestament
# Wurzeln bis zu Wulfila
## Von Rudolf Orlt

Mit gregorianischen Wechselgesängen,
mit einer Predigt von Landesbischof
Eduard Lohse, mit einer Homilie von Joseph Kardinal Höffner und mit einem
Festakt sowie einer Pressekonferenz
wurde in Bonn die neue ökumenische
Einheitsübersetzung des Neuen Testaments der Öffentlichkeit übergeben.
Seit Luthers deutscher Bibel hat es in
beiden Konefessionen viele Versuche ge-

geben, den Inhalt der Heiligen Schrift in die deutsche Sprache zu übertragen. Mindestens auf katholischer Seite – genaugenommen aber auch bei den Protestanten – waren das private Unternehmungen, zwar mit Genehmigung der Oberhirten, aber doch nicht mit dem Stempel der amtlichen Anerkennung. Dies ist nun anders, denn die neue Einheitsübersetzung ist eine offizielle Äußerung der katholischen Bischöfe in Deutschland, in Österreich, in der Schweiz wie auch von Bozen, Luxemburg und Lüttich – also für den gesamten deutschsprachigen Raum.

Man kann zu Recht von einem kirchlichen Ereignis sprechen. Immerhin begannen die Arbeiten im Jahre 1962, und eine erste Fassung war jahrelang in Kirche und Schule erprobt worden. Dann wurden nicht weniger als 15 000 Änderungswünsche berücksichtigt – immer mit dem Ziel, einen zeitgemäßen, gut verständlichen und sprachlich überzeugenden Zugang zum Gehalt der biblischen Schriften zu eröffnen. Welche hohe Bedeutung die katholische Kirche der Einheitsübersetzung beimißt, mag man daran ablesen, daß sechs Bischöfe nach Bonn gekommen waren.

Es handelt sich daneben aber auch um ein großes ökumenisches wie katholisches Ereignis. Denn von Anfang an wirkten unter den etwa 100 Fachleuten die protestantischen Gelehrten gleichberechtigt mit. Das hat der lutherische Bischof und Ratsvorsitzende Lohse in Bonn ausdrücklich gewürdigt. Denn die Initiative stammte vom Katholischen Bibelwerk. Und da seinerzeit auch das Vatikanische Konzil zu Bibel-Übersetzungen in Zusammenarbeit »mit den getrennten Brüdern« ermunterte, kam etwas zustande, was Joseph Kardinal Höffner als einmalig in der Geschichte der christlichen Kirchen Europas bezeichnet.

Das alles ist sicherlich für die Kirchenführer beider Konfessionen eine starke Ermutigung, noch viel deutlicher als bisher aufeinander zuzugehen. Ob nun aber auch die Sprache der neuen Übersetzung den historischen und theologischen Superlativen entspricht, wird sich erst noch herausstellen. Die Experten haben sogar mit der Gesellschaft für deutsche Sprache zusammengewirkt. Insofern handelt es sich auch um ein großes kulturelles Ereignis. Kardinal Höffner erinnerte vor den Journalisten daran, daß die deutsche Sprache in ihrer gotischen Neben-Wurzel auf die Bibel-Übersetzung des Bischofs Wulfila zurückgeht. Im Jahr 870 wurde zum erstenmal auf die Existenz eines Evangelio Theodisco, eines deutschen Evangeliums hingewiesen. Und welche Bedeutung Luthers Übersetzung für die deutsche Sprache bekommen hat, ist bekannt. Noch immer ragt dieses Werk wie Urgestein in die Zeiten. Kardinal Höffner bestätigte, daß Luther damit auch den katholischen Christen deutscher Zunge einen wertvollen Dienst geleistet habe, weil alle bedeutenden katholischen Bibel-Übersetzer bei Luther in die Schule gegangen seien. Dementsprechend wird für den evangelischen Raum die Luther-Bibel keineswegs durch die neue Einheitsübersetzung entthront, sondern deutlich in den großen Strom der deutschen Kultur eingeordnet.

(Deutsches Allgemeines Sonntagsblatt, Hamburg, 7. 10. 1979)

# 4. Der Bericht der Katholischen Nachrichtenagentur vom 3. Oktober 1979

## Gemeinsame Bibelübersetzung

Bonn, 3. Oktober 1979 (KNA) Seit dem 1. Oktober haben die Christen des deutschsprachigen Raumes eine gemeinsame Übersetzung der Heiligen Schrift. Während einer Pressekonferenz und einer sich anschließenden Festveranstaltung in Bonn übergaben der Vorsitzende der Deutschen Bischofskonferenz, Kardinal Joseph Höffner, und der Ratsvorsitzende der Evangelischen Kirche in Deutschland, Landesbischof Dr. Eduard Lohse, den Christen des deutschen Sprachraumes diese Bibelübersetzung. Sie soll vor allem in den Gottesdiensten, dem schulischen Unterricht, den geistlichen Rundfunksendungen sowie bei dem gemeinsamen Tun der Christen Verwendung finden.

Mit der Publikation dieser Neuübersetzung der Heiligen Schrift wurde eine fast 18jährige Arbeit abgeschlossen. Sie begann im Jahre 1961. Damals erstellte der wissenschaftliche Beirat des katholischen Bibelwerkes eine Studie, in der herausgestellt wurde, die Schriften des Alten Testamentes und Neuen Testamentes in ein allen verständliches Deutsch zu übertragen. Die damalige Fuldaer Bischofskonferenz schloß sich diesem Vorschlag an. Von Beginn an waren die evangelischen Christen zu einer vollen Mitarbeit eingeladen. Jedoch erklärte sich zunächst nur die evangelische Michaelsbruderschaft bereit, bei der vollständigen Neuübersetzung ihren Beitrag zu leisten. Die evangelischen Landeskirchen konnten sich zur damaligen Zeit noch nicht zur Mitarbeit entschließen. Erst durch die Bemühungen und Vermittlungen des ersten Präsidenten des Vatikanischen Sekretariates zur Förderung der Einheit der Christen, Kardinal Augustin Bea, kam es zu einer teilweisen Mitarbeit bei den Übersetzungsarbeiten. So wurden in ökumenischer Verantwortung die Psalmen und das Neue Testament übersetzt. Ferner wurde eine gemeinsame Ausdrucks- und Schreibweise der biblischen Namen gefunden.

An dieser gemeinsamen Bibelübersetzung waren über 100 Bibelwissenschaftler, Liturgiewissenschaftler und Germanisten beteiligt. Die Schreibweise der biblischen Namen wurde bereits der Duden-Redaktion mitgeteilt. Diese Redaktion hat die veränderten Schreibweisen bereits in der jüngsten Ausgabe des verbindlichen Rechtschreibbuches aufgenommen.

Während des ökumenischen Gottesdienstes, der der Vorstellung der Übersetzung vorausging, dankte der Ratsvorsitzende der Evangelischen Kirche in Deutschland, Landesbischof Lohse, für die Einladung zu dieser gemeinsamen Übersetzungsaufgabe. Es sei die beglückende Erfahrung, daß katholische und evangelische Christen einander begegnen und gemeinsam die Schrift lesen können, betonte der Landesbischof. Allen sei das Wort Gottes anvertraut worden, damit wir es weitersagen. Der Erzbischof von Köln und Vorsitzende der Deutschen Bischofskonferenz hob in seiner Predigt hervor, daß nur durch das Hören dem Christen das Wort Gottes sich erschließe. Daher müßten alle darauf achten, daß Gottes Wort nicht ausgehöhlt werde. An den Gottesdiensten und der Vorstellung der gemeinsamen Bibelübersetzung nahmen neben Kardinal Höffner und Landesbischof Lohse der Apostolische Nuntius in Deutschland, Erzbischof Guido del Mestri, der Bischof von Fulda, Prof. Dr. Eduard Schick, Weihbischof Ernst Tewes, München, Weihbischof Dr. Josef Plöger, Köln, sowie der Altbischof des Bistums Rottenburg/Stuttgart, Dr. Carl Joseph Leiprecht, teil. Die evangelische Kirche war weiter durch Oberkirchenrat Wilhelm Gundert und den ehemaligen Leiter des Evangelischen Bibelwerks, Prof. Dr. Söhngen, vertreten.

# VII. DIE VORSTELLUNG DER EINHEITSÜBERSETZUNG IN WIEN

Am 25. Oktober 1979 stellte Kardinal Franz König in Verbindung mit dem Referenten der Österreichischen Bischofskonferenz, Weihbischof Dr. Alois Stöger, den Vertretern des Österreichischen Katholischen Bibelwerks, Diplomkaufmann Burkhard Klebel und Dr. Norbert Höslinger, und Professor Otto Knoch, dem Geschäftsführer der Einheitsübersetzung, das Neue Testament im Presseklub Concordia den Vertretern von Presse, Funk und Fernsehen vor. Anwesend waren dabei die österreichischen Übersetzer und Mitarbeiter an der Einheitsübersetzung.
Der Österreichische Rundfunk strahlte am gleichen Tag ein ausführliches Interview über die Einheitsübersetzung aus, bei dem Dr. Höslinger und Professor Knoch Rede und Antwort standen und auch Fragen von Hörern beantworteten.
Dabei stieß dieses Ereignis auch in der österreichischen Presse auf großes Interesse.
Die Dokumentation bietet die Ansprache von Kardinal König, eine Kurzfassung des Referats von Weihbischof Stöger und wichtige Presseberichte. Das Bilddokument zeigt die Teilnehmer an der Pressekonferenz im Concordia-Club: Dr. Höslinger (stehend), Kardinal König, Weihbischof Stöger, Professor Knoch, Diplomkaufmann Klebel.

# 1. Die Erklärung von Kardinal König

Schon seit Ende des vorigen Jahrhunderts ist in der katholischen Kirche eine starke Hinwendung zur Bibel zu beobachten. Anregungen kamen von der Liturgischen Erneuerung und von den Ansätzen zu einer volksnahen Seelsorge und Katechese.

Einen Höhepunkt bedeutete die Errichtung des Päpstlichen Bibelinstitutes (1909) durch Papst Pius X. Von hier gingen viele Impulse für die katholische Bibelwissenschaft aus. Der Errichtung war die Enzyklika von Papst Leo XIII. »Providentissimus Deus« (1893) vorangegangen, die für eine zeitgemäße Bibelauslegung eintrat. Zum 50. Jubiläum dieses wegweisenden Rundschreibens veröffentlichte Pius XII. mitten im Zweiten Weltkrieg (1943) die Bibelenzyklika »Divino afflante Spiritu«, die als »Magna Charta« der katholischen Bibelwissenschaft bezeichnet wurde. Eine der wichtigsten Aussagen dieser Enzyklika, an der der spätere Kardinal Augustin Bea mitgewirkt hat, bezieht sich auf die Autorität des Urtextes. Ohne die Vulgata in ihrer Authentizität, die das Rundschreiben nicht in erster Linie als eine kritische, sondern vielmehr eine juridische bezeichnet, wird der Grundsatz ausgesprochen: »Vom heiligen Schriftsteller selbst geschrieben, hat er (der Urtext) höhere Autorität und größeres Gewicht als jede, sei es auch die beste Übersetzung aus alter oder neuer Zeit« (15). Die Kenntnis des Urtextes sei Voraussetzung für Auffindung und Erklärung des wahren Sinnes der Heiligen Bücher (20). Neben der Ermunterung zur Weiterführung der begonnenen Forschung beschäftigt sich das wegweisende Dokument auch mit Fragen der Bibelbewegung, Verbreitung der Heiligen Schrift und ihrer Verwendung im Gottesdienst: »Die mit Gutheißung der kirchlichen Autorität herausgegebenen Übersetzungen der Heiligen Schrift in die Muttersprache sollen sie (die Oberhirten) durch ihr Wort und, wo die liturgischen Gesetze es zulassen, durch entsprechende Verwendung wirksam empfehlen« (37).

Während des Zweiten Weltkrieges, als vor allem in unseren Landen die äußere Betätigung der Kirche untersagt war, fanden sich die Gläubigen zum Gottesdienst, zu Vorträgen und Gesprächen zusammen. Die geistlichen Werte wurden neu entdeckt. Nie wurden so viele Bibelstunden gehalten wie in der Kriegs- und in der ersten Nachkriegszeit. Vieles ist später durch die einsetzende Aktivität und Überaktivität verlorengegangen. Dennoch gab es immer wieder Impulse für eine katholische Bibelbewegung, die ihren Niederschlag – wie könnte es anders sein? – auch in den Konzilsdokumenten gefunden hat.

Alle sechzehn Dokumente des II. Vatikanischen Konzils sprechen von der Bibel, betonen ihre tragende Funktion und ziehen praktische Konsequenzen. Den Höhepunkt dieser Äußerungen macht die Dogmatische Konstitution »Über die göttliche Offenbarung«, die sich mit dem theologischen Problem der Zusammenhänge zwischen der Heiligen Schrift und der mündlichen Überlieferung auseinandersetzt. Im letzten (6.) Kapitel wird sie ganz praktisch. Zunächst weist sie auf die Ehrfurcht hin, die die Kirche allezeit vor der Heiligen Schrift hatte. Die Heilige Schrift wird aber am besten geehrt, indem man sie gebraucht, verwendet, und zwar in ganz zentraler Weise: »Alle Verkündigung der Kirche wie auch die christliche Religion selbst muß sich also mit der Heiligen Schrift nähren und von ihr gelenkt sein« (21.). Dazu ist freilich notwendig, daß die Christen zunächst einmal eine Bibel besitzen, und zwar eine geeignete Ausgabe. Deshalb fordert das Konzilsdokument: »Der Zugang zur Heiligen Schrift muß für die Christgläubigen weit offenstehen« (22). Im gleichen Artikel wird verlangt, daß »passende und richtige Übersetzungen in verschiedenen Sprachen erarbeitet werden, namentlich aus dem Urtext der Heiligen Bücher. Wenn die Übersetzungen bei sich bietender Gelegenheit mit Zustimmung der kirchlichen Autorität in Zusammenarbeit auch mit den getrennten Brüdern zustande kommen, dann können sie von allen Christen benutzt werden.«

Es ist besonders erfreulich, daß große Teile der eben fertiggestellten Einheitsübersetzung der Heiligen Schrift als »ökumenische« erklärt werden konnten, nämlich alle Texte des Neuen Testamentes und das Psalterium. Etliche Bibelwissenschaftler der evangelischen Kirche haben für die Erstellung des Gesamttextes ihre Kenntnis zur Verfügung gestellt.

Trotz dieser erfreulichen Tatsachen muß festgestellt werden, daß das Erscheinen der revidierten Einheitsübersetzung nicht den Abschluß, nicht die feierliche Krönung der katholischen Bibelbewegung darstellt, sondern daß hier erst eine wichtige Voraussetzung geschaffen wurde, um großen Aufgaben nachzukommen, die das II. Vatikanische Konzil fordert. Die Bibel soll im Mittelpunkt der theologischen Wissenschaft, des geistlichen Lebens und der Seelsorge stehen (Dekret über die Ausbildung der Priester, 16). Sowohl die Ordensleute als auch die Laien mögen die Heilige Schrift täglich zur Hand haben, denn »nur durch das Licht des Glaubens und das Bedenken des Wortes Gottes vermag man immer und überall Gott zu erkennen…, in allem Geschehen seinen Willen zu suchen, Christus in allen Menschen zu sehen, seien sie nahe- oder fernestehend und die wahre Bedeutung und den Wert der zeitlichen Dinge richtiger zu beurteilen, den sie in sich selbst und in der Hinordnung auf das Ziel des Menschen haben« (Über das Apostolat der Laien, 4).

Viele Menschen ringen heute um die Antwort auf die Frage: was ist der Sinn des Lebens? Vor einigen Tagen stürmten Tausende von Menschen einen Hörsaal der Wiener Universität, als dieses Thema behandelt wurde. Die Bibel, das große Menschenbuch, zeigt die Aufgabe des Menschen in der Natur und in der Gesellschaft, weist aber auch auf den Sinn der Existenz des einzelnen Menschen hin. Die Vorstellung von Gott, das Verhältnis zwischen Gott und Mensch in der biblischen Darstellung ist weitgehend nicht bekannt. Vorstellungen aus anderen Kulturkreisen, vor allem dem hellenistischen und germanischen herrschen vielfach noch im Volk vor. Die Bibelwissenschaft hat viel neue Erkenntnisse an den Tag gebracht, die den Menschen von heute in der Klärung der Sinnfrage weiterhelfen. Hier liegt eine wesentliche Aufgabe der Bibelbewegung, aber auch einer Bibelausgabe, die ja nicht nur den Text sondern auch entsprechende Erklärungen bringt.

Der neue Bibeltext wurde im Auftrag der katholischen Bischöfe des deutschen Sprachraumes geschaffen, um zu einem einheitlichen Gebrauch des biblischen Wortes zu führen, um zu erreichen, daß sich Worte der Bibel leichter einprägen. Die Übersetzung ist für die Liturgie, die sich ja seit dem letzten Konzil weitgehend in der Landessprache vollzieht, bestimmt, ebenso auch für den Religionsunterricht. Selbstverständlich können im privaten Bereich, in kleinen Kreisen, überall wo Christen zusammenkommen, auch andere, kirchlich approbierte Übersetzungen, alte und neue, verwendet werden. Die Einheitsübersetzung aber ist im Auftrag der kirchlichen Amtsträger entstanden; sie soll vor allem auch der Einheit des Volkes Gottes dienen. Man möge bedenken, daß es das erste Mal in der Geschichte der katholischen Kirche in deutschsprechenden Ländern der Fall ist, daß es zu einer offiziellen deutschen Bibelübersetzung gekommen ist.

Wer die Ansprachen unseres Heiligen Vaters näher verfolgt, wird bemerkt haben, wie stark er aus der Heiligen Schrift heraus seine Gedanken formt und von ihrem Geist erfüllt ist. Möge die neue Übersetzung dazu beitragen, daß das Wort Gottes in einer verständlichen Sprache den heutigen Menschen anspricht und Gott als das Ziel seines Lebens neu erkennen läßt.

# 2. Die Vorstellung der Einheitsübersetzung durch Weihbischof Alois Stöger

Als Referent der Österreichischen Bischofskonferenz für Bibelarbeit darf ich Ihnen heute das Neue Testament in der deutschen Einheitsübersetzung vorstellen.

Die Einheitsübersetzung erscheint im Auftrag der deutschsprachigen Bischöfe: der Bischöfe der beiden Deutschland, Österreichs, der Schweiz, des Bischofs von Luxemburg, von Bozen-Brixen und von Lüttich. Sie ist in der »Katholischen Bibelanstalt GmbH Stuttgart« verlegt. Das Buch, das ich Ihnen vorstellen darf, enthält den Text der Übersetzung des Neuen Testamentes, der von der Deutschen Bischofskonferenz am 14. 2. 1978 approbiert und von den anderen genannten Bischofskonferenzen bzw. Bischöfen gutgeheißen wurde. Es enthält ferner knappe Einleitungen zum ganzen Neuen Testament und zu den einzelnen Schriften und Anmerkungen über Textvarianten, Übersetzungsvarianten und kurze Kommentare zum leichteren Verständnis schwieriger Stellen. Die Übersetzung gibt den Text in Perikopen gegliedert wieder; diese haben Überschriften. Parallelüberlieferungen werden unter den Überschriften und am Rand verzeichnet.

Auf der Innenseite der beiden Buchdeckel finden Sie Karten Palästinas, Jerusalems und des Mittelmeerraumes. In einem Anhang liest man Abkürzungen, Namen der biblischen Bücher, Bemerkungen über den griechischen Urtext, die lateinischen (altlateinischen und Vulgata) Übersetzungen und über den deutschen Einheitstext. Ein dritter Anhang bringt Maße, Gewichte und Münzen, ein anderer Angaben über den Kalender und die biblischen Feste und Festzeiten. Man findet da ein kleines Lexikon wichtiger biblischer Begriffe, schließlich Zeittafeln zur neutestamentlichen Geschichte. Damit ist zum Text ein erstes Handwerkszeug für die biblische Arbeit und für das Verständnis gegeben.

Vom ersten Schritt bis zur endgültigen Ausgabe sind fast neunzehn Jahre vergangen. 1960 legte der Wissenschaftliche Beirat des Katholischen Bibelwerkes Stuttgart der Deutschen Bischofskonferenz (DBK) den Plan vor, eine Übersetzung aus dem Urtext in die gehobene deutsche Gegenwartssprache für den kirchlichen Gebrauch zu schaffen. 1962 begann die Arbeit. Man hat sich die Arbeit nicht leicht gemacht. Alle Übersetzungen wurden mindestens dreimal, manche siebenmal überarbeitet. Ein Buch aus einem Guß wie etwa die alte Luther-Bibel ist so allerdings nicht entstanden.

1969 wurde das Ergebnis der Übersetzungsarbeit am Neuen Testament in Einzelheften mit zugehörigen Gruppen von Schriften zur Erprobung herausgegeben. Diese Texte wurden auch in den liturgischen Lektionarien (Bücher für die biblischen Lesungen) veröffentlicht. Alle, die mit der Verkündigungsaufgabe betraut sind und »die sich durch Vorbildung oder Neigung um eine möglichst gute deutsche Übersetzung sorgen, wurden gebeten, diese Texte zu prüfen und ihr Urteil bzw. ihre Kritik an die Geschäftsführung der

Übersetzung zu senden«. 1972 wurden diese Probeübersetzungen des Neuen Testaments in einem Band zur weiteren Überprüfung vorgelegt. Bis 1975 gingen für das Neue Testament rund 10000 Stellungnahmen ein, 4000 von den katholischen Bischöfen. Anfangs 1975 wurde von der Deutschen Bischofskonferenz ein Revisionsausschuß berufen, der diese eingesandten Modi bearbeiten und sich um eine stärkere Angleichung an die religiöse, besonders die liturgische Tradition bemühen sollte. Das Ergebnis dieser Revisionsarbeit lag der Deutschen Bischofskonferenz im Herbst 1976 vor, veranlaßte aber – bedroht von der endgültigen Textfassung – noch zahlreiche Änderungsvorschläge, im Neuen Testament über 1000. Die verantwortliche Revisionskommission trat im Jänner 1978 in Frankfurt am Main zusammen. Der Text, der erarbeitet wurde, lag im Februar 1978 der Deutschen Bischofskonferenz vor und wurde von dieser approbiert und von den anderen deutschsprachigen Bischöfen gutgeheißen. Im März/April 1979 wurden die Einführungen und Anmerkungen von den Auftraggebern gebilligt. Am 1. Oktober 1979 konnte in Bonn das Neue Testament in der Einheitsübersetzung von Kardinal Höffner der Öffentlichkeit übergeben werden.

Der Arbeitsauftrag lautete: »Eine text- und sinngetreue Übersetzung der Heiligen Schrift aus den Urtexten in das gehobene Gegenwartsdeutsch für den kirchlichen Gebrauch in Liturgie und Schule zu schaffen.« Der Text sollte leicht verständlich, gut deutsch, vorlesbar und bei liturgisch wichtigen Abschnitten auch singbar sein. Die Übersetzung sollte auch jene ansprechen, die keine enge Beziehung zur Liturgie- und Frömmigkeitssprache mehr haben (missionarischer Charakter). Sie sollte auch in den Massenmedien und bei ökumenischen Veranstaltungen Verwendung finden können. Die Öffnung des Konzils für den Dialog mit der Welt sollte sich auch in der neuen Bibelübersetzung fortsetzen. Aus dieser Zielsetzung heraus will die Übersetzung beurteilt werden, wenn ihr Gerechtigkeit widerfahren soll. Ich möchte über einige Gesichtspunkte sprechen.

Die neue Einheitsübersetzung ist die offizielle Übersetzung der deutschsprachigen katholischen Kirche. Sie wird in der Liturgie (Meßbuch, Stundenbuch und Rituale), in der Verkündigung und Schule verwendet. Einheitsübersetzung heißt sie, weil ihr Gebrauch einen einheitlichen Text in der Liturgie und Schule garantieren soll. Das Volk Gottes sollte die Einheit im Wort finden. Durch die einheitliche Übersetzung soll das Gedächtnis gestützt werden. Der Christ sollte im Worte Gottes bleiben und leben. Die Bibelfestigkeit der evangelischen Christen kommt aus der jahrhundertelangen Verwendung der Luther-Bibel. Was haben wir Katholiken gehabt, als die Bibelbewegung Vertrautheit mit dem Worte Gottes bringen sollte? Eine Menge von Übersetzungen und divergierenden Texten: z. B. von Allioli, Henne-Rösch, Riessler-Storr, Pattloch, Klosterneuburger-Bibel, Zwettler: Neues Testament, Karrers Neutestamentliche Übersetzung usw. Der offizielle kirchliche Text soll natürlich nicht jede andere und neue Übersetzung verhindern. Solche Übersetzungen haben immer ihre Berechtigung und ihre Bedeutung für das Verständnis des Sinnes der Bibel.

Der Übersetzungsauftrag hält sich an das II. Vatikanum und übersetzt aus dem Urtext. Bis dahin benützte die katholische Kirche Übersetzungen, welche entweder die lateinische Übersetzung durch den Hl. Hieronymus (Vulgata) zugrunde legte oder doch in besonderer Weise berücksichtigte. Das Verständnis des Urtextes folgt dem heutigen wissenschaftlichen Urteil. Die Treue zum Text ist die erste Forderung an eine Übersetzung. Die Grundlage der Übersetzung schufen darum Fachgelehrte der Bibelwissenschaft. Alte eingebürgerte Übersetzungen, die vielfach in die Literatur, die Kunst, in das Vokabular der Sprichwörter eingegangen sind, werden wahrscheinlich in der neuen Übersetzung vermißt werden, andere werden Anstoß erregen, obwohl vieles schon revidiert worden ist. Einige Beispiele dazu: »Ehre sei Gott in der Höhe und Friede auf Erden den Menschen, die guten Willens sind« – so wird es in der Weihnachtszeit wieder vielfach zu hören und zu lesen sein. Die neue Übersetzung schreibt aber: »Verherrlicht ist Gott in der Höhe und auf Erden ist Friede bei den Menschen seiner Gnade« (Lk 2,14). Dieser kleine Hymnus (Doxologie) drückt keinen Wunsch aus, sondern konstatiert eine Tatsache: Durch die Geburt Christi wird Gott verherrlicht (= verherrlicht sich Gott, offenbart er seine Herrlichkeit) und wird den Menschen der Friede (das Heil) zuteil. »Bei den Menschen seiner Gnade« heißt es jetzt; denn Gott erweist dem Menschen sein Wohlgefallen, sein Wohlwollen, seine Gnade. Ein anderes Beispiel: die Seligpreisungen. Sehr viel Anstoß wurde an der Übersetzung genommen: »Wohl denen, die vor Gott arm sind« (Mt 5,3) und den übrigen Seligpreisungen. Jetzt ist man von den »Wohligkeiten« wieder zu den Seligkeiten zurückgekehrt, denn es heißt jetzt: »Selig, die arm sind vor Gott.« Die Gelehrten machten eine Konzession an die Gewohnheit der Leser. Die Gefahr des Mißverständnisses wird dafür in Kauf genommen. Diese Seligpreisungen stellen in der biblischen Literatur eine eigene literarische Art dar (Makarismus); sie entsprechen etwa einer Gratulation: »Heil dir!«, »Wohl dir!«, »Ich gratuliere!«, der Spruch ist nicht eine Verheißung der Seligkeit.

Die Übersetzung soll ein gehobenes Gegenwartsdeutsch schreiben. Dieses Vorhaben ist wohl am schwersten zu erfüllen gewesen. Was heißt gehoben? Was heißt Gegenwartsdeutsch? Für die Übersetzung wurden Dichter und Germanisten zu Rat gezogen; z. B. H. Böll, R. Henz, Christa Reinig, auch andere Germanisten. Die evangelische Kirche hat einen »revidierten Luthertext« herausgegeben (1975), um dem Gegenwartsdeutsch näherzukommen. Wird er aber verwendet? Bis zu einem gewissen Grad haben wir Katholiken es in dieser Hinsicht leichter. Wir haben nie eine deutsche »Einheitsübersetzung« gehabt. Dennoch wurden manche Texte der provisorischen Übersetzung vom Kirchenvolk scharf abgelehnt und mußten darum wieder getilgt werden. Ich nenne einige Beispiele:

*Mt 1,23:* Das Lektionar I übersetzt: »Siehe die Jungfrau wird schwanger werden«; die provisorische Übersetzung 1972: »Siehe die Jungfrau wird ein Kind bekommen«; die endgültige Übersetzung heißt jetzt: »Siehe die Jungfrau wird ein Kind empfangen«. Die letzte Übersetzung schien durch die Tradition geheiligt und weniger banal.

*Röm 13,13:* In der provisorischen Übersetzung wird dieser Text mit den Worten wiedergegeben: »Laßt uns so leben, wie es dem Licht des Tages entspricht, ohne Fressen und Saufen, ohne Unzucht und Ausschweifung«; in der endgültigen Übersetzung liest man jetzt: »Laßt uns ehrenhaft leben wie am Tag, ohne maßloses Essen und Trinken, ohne Unzucht und Ausschweifung«.

Auf der gleichen Linie liegt die Übersetzung zu *Mt 11,19.* In der provisorischen Übersetzung wird Jesus von seinen Gegnern beschimpft als »dieser Kumpan der Zöllner und Sünder«, in der endgültigen Übersetzung: dieser »Freund der Zöllner und Sünder«. Sehr brave Übersetzungen, aber wo bleibt die Kraft? Man ist erinnert an die Kunst der Nazarener.

*Mt 25,1–2:* In der provisorischen Übersetzung hieß es: »Dann wird es mit dem Himmelreich sein wie mit zehn Mädchen ... Fünf von ihnen waren dumm und fünf waren klug«; die neue Übersetzung lautet: »Zehn Jungfrauen ... Fünf von ihnen waren töricht und fünf waren klug«. Die neue Übersetzung klingt sakral, aber antiquiert. Die erste, abgelehnte hatte auch nicht den besten Klang.

Die Bibel ist das Band, das die katholische Kirche mit den christlichen Kirchen verbindet. Eine gemeinsame, ökumenische Übersetzung war vom Anfang an ein Wunsch. Er wurde verwirklicht. Als Herausgeber zeichnet neben Kardinal Höffner, dem Vorsitzenden der Deutschen Bischofskonferenz, Landesbischof Eduard Lohse, der Vorsitzende des Rates der Evangelischen Kirche in Deutschland. Von Anfang an arbeitete die evangelische Michaelsbruderschaft und die (evangelische) Württembergische Bibelanstalt voll mit. Ab 1967 beteiligte sich die Evangelische Kirche Deutschlands an der Übersetzung der gemeinsamen Lesungen der Sonn- und Feiertage und der Psalmen.

Den Weg für die Zusammenarbeit hat der unvergeßliche Kardinal Augustin Bea gebahnt, der sich mit dem evangelischen Landesbischof Kurt Scharf, Berlin, getroffen hatte. Über diese gemeinsame Arbeit wurde 1970 der erste Vertrag zwischen dem Verband der Diözesen Deutschlands und dem Rat der Evangelischen Kirche in Deutschland und dem Evangelischen Bibelwerk in der Bundesrepublik geschlossen. Ein wichtiges Ergebnis dieser Zusammenarbeit waren die sogenannten Loccumer Richtlinien für die Einigung über die deutsche Wiedergabe der biblischen Eigennamen. Die Bemühungen begannen 1967 und fanden in einem Vertrag 1971 ihr Ende. Seitdem sagen wir statt Moses Mose, statt Noe Noach, statt Sophonias Zefanja usw. Während der Revisionsarbeit ab 1975 weitete die evangelische Seite ihre Mitarbeit auf das ganze Neue Testament aus, einschließlich der Einleitungen und Anmerkungen.

Keine Übersetzung gibt den Originaltext vollkommen wieder. Auch diese Übersetzung kann nicht alles erfüllen, was erwartet wird. Die Übersetzer mußten viele Gesichtspunkte und Wünsche berücksichtigen. Die Kirchenbesucher erwarten eine sakrale, ehrwürdige, wahrscheinlich altertümliche Sprache; die Katecheten in der Schule verlangen eine verständliche Sprache; die Verkündigung in den Medien will ein gehobenes Gegenwartsdeutsch haben; wer die Bibel als Norm des Glaubens liest, will gewissenhaft und treu übersetzt wissen. Können alle diese Wünsche vollkommen erfüllt werden? Zeitweise gab es an die 100 Mitarbeiter. Vielfach lagen verschiedene Vorschläge vor, aus denen ausgewählt werden mußte; z. B.: Soll man heilig in der Zusammensetzung »Heiliger Geist« groß oder klein schreiben? Soll Ekklesia übersetzt werden mit »Kirche« oder »Gemeinde«? Soll man das griechische »erga« übersetzen durch »Werke« oder »Taten«? Oft wurde abgestimmt, wenn man sich anders nicht einigen konnte! »Viele Jäger sind des Hasen Tod.« Vielleicht darf dieses Sprichwort einmal auch anders verwendet werden! Die herausgebenden Bischöfe drücken im Vorwort an die Leser ihre Hoffnung aus, die sie auf diese Einheitsübersetzung gründen. Ich darf es vorlesen und damit schließen: »Wir Bischöfe hoffen zuversichtlich, daß die Neuübersetzung der zeitgemäßen Gebetssprache einen neuen Anstoß gibt und daß sie hilfreich sein wird in dem Bemühen, dem Wort Gottes im deutschen Sprachraum neue Beachtung und tieferes Verständnis zu verschaffen!«

# 3. Verschiedene Presseberichte

## Bergpredigt wieder vertraut
### Die Einheitsübersetzung der Bibel wurde vorgestellt

*Die Einheitsübersetzung des Neuen Testaments wurde am Donnerstag in Wien von Kardinal König vorgestellt. Von den katholischen Bischöfen des deutschen Sprachraums in Auftrag gegeben, ist sie der offizielle katholische Text, gilt jedoch ebenso wie das Psalterium auch als ökumenisch, zumal evangelische Fachleute daran mitgearbeitet haben.*

Die Aufgabe, die sich dem insgesamt rund hundertköpfigen Gremium von Fachleuten – Übersetzern, Bibelwissenschaftlern, aber auch Dichtern wie Rudolf Henz und Böll – stellte, war klar umschrieben: eine »text- und sinngetreue Übersetzung aus den Urtexten in das gehobene Gegenwartsdeutsch für den kirchlichen Gebrauch in Liturgie und Schule zu schaffen«. Der nunmehrigen endgültigen, revidierten Ausgabe waren ab 1969 Einzelhefte, 1972 dann ein Band als provisorische Übersetzung vorangegangen – seither sind mehr als 10000 Änderungsanträge in einer ersten Phase, weitere tausend in einer zweiten, ab 1976, eingearbeitet worden.

Allein daraus, vor allem aber aus der Zusammenarbeit von Übersetzern, Exegeten und Fachleuten für Liturgie und Katechese mit Germanisten, ergibt sich – so Weihbischof Alois Stöger (Sankt Pölten), der Referent für das Bibelwerk in der österreichischen Bischofskonferenz –, daß diese neue Übersetzung literarisch nicht in dem Maß »aus einem Guß« sein kann wie die Originalfassung der Lutherbibel. Auch ist die sprachliche Komponente nur eine Komponente des Anliegens: Es ging darum, zwischen Allgemeinverständlichkeit für den Menschen von heute und dem Anspruch auf bibelgerechte Diktion, zwischen Schulwidmung und liturgischer Einsatzmöglichkeit (einschließlich der Sangbarkeit einzelner Stellen), im besonderen aber auch zwischen dem nord- und süddeutschen Sprachraum einen möglichst optimalen Weg zu finden und zu gehen. Kritik und Würdigung werden demnach erst nach einer gewissen Zeit des Studiums und der Erprobung möglich sein.

Das Zurückgreifen auf den griechischen Urtext des Neuen Testaments – traditionelle katholische Übersetzungen haben sich vorwiegend auf die Vulgata gestützt – bei wissenschaftlicher Konkordanz mit der Erarbeitung der Neo-Vulgata hat eine Reihe von Veränderungen gegenüber gewohnten Wortprägungen gebracht. Das war vor allem bei der provisorischen Ausgabe ins Auge gesprungen – im Vergleich zu ihr ist nun so manche Stelle wieder in die vertraute Form zurückgeführt worden. Das signifikanteste Beispiel ist die Bergpredigt: Die umstrittenen Formulierungen »Wohl denen« und »wohl euch« lauten nun wieder »selig« und »selig seid ihr« – statt der »Armen im Geiste« heißt es aber nun endgültig »selig, die arm sind vor Gott«. Der weihnachtliche Lobpreis der Engel ist in die Worte gefaßt: »Verherrlicht ist Gott in der Höhe, und auf Erden ist Friede bei den Menschen seiner Gnade« (in der provisorischen Fassung hatte es geheißen »bei den Menschen, die er liebt«).

Der biblische Vaterunser in den Evangelien des Matthäus und Lukas unterscheidet sich auch weiterhin im Wortlaut etwas vom liturgischen; eine Angleichung der liturgischen Texte an die neue Bibelübersetzung ist weder hier noch in bezug auf andere Stellen geplant. Exegetische Schwierigkeiten, wie sie sich bei jeder Bibelübersetzung ergeben, sind – so Weihbischof Stöger – »nicht weggewischt worden«: Manche Stelle bleibt daher auch in der deutschen Fassung mit Absicht etwas unklar, wie im Originaltext selbst; dagegen tritt beispielsweise die Unterscheidung des Begriffs Heiliger Geist im Sinne von Dritter göttlicher Person gegenüber dem heiligen Geist in allgemeinerer Bedeutung wieder klarer zutage.

Die wesentliche Mitarbeit österreichischer Theologen und anderer Experten entspricht, wie auch Kardinal König hervorhob, der Tradition seit den Pionieren eines Pius Parsch und Prälat Rudolf, die dann in das Zweite Vaticanum einge-

flossen sind, nachdem mit der Bibel-Enzyklika Pius XII. (Divino afflante spiritu, 1943) ein neuer Weg der katholischen Befassung mit der Heiligen Schrift aufgezeigt worden war.      Pia Maria Plechl
(Die Presse, Wien 26. 10. 1979)

# Die neue Bibel
Einheitsübersetzung aus Urtext in gehobenes Gegenwartsdeutsch

*Die Christen des deutschsprachigen Raums haben seit 1. Oktober 1979 eine gemeinsame Übersetzung der Heiligen Schrift. Kardinal Dr. Franz König, der Vorsitzende der Österreichischen Bischofskonferenz, präsentierte am 25. Oktober bei einer Pressekonferenz die Ausgabe des Neuen Testaments. Das Alte Testament wird im Frühjahr 1980 erhältlich sein.*

Eine einheitliche Bibelübersetzung in deutscher Sprache ist für die katholische Kirche etwas Neues. Bisher gab es verschiedene, meist Privatinitiativen entstammende Übersetzungen. Das hatte den Nachteil, daß sich der Bibelwortlaut schwer einprägen konnte.

Seit Beginn unseres Jahrhunderts gibt es eine katholische Bibelbewegung. Von Anfang an wurde dabei der Wunsch nach einer einheitlichen Übersetzung laut. Besonders für den Gottesdienst und den Religionsunterricht ist diese wichtig. Als sich während des Konzils die Entwicklung zu einer landessprachigen Liturgie anbahnte, wurde die »Einheitsübersetzung« fast zur Notwendigkeit. 1961 ergriffen die deutschen Bischöfe auf Anregung des Bibelwerkes die Initiative. Bald schlossen sich die Bischöfe von Österreich, der Schweiz, von Luxemburg, Südtirol und Elsaß-Lothringen an. Man beschloß, nicht eine der vorhandenen Übersetzungen zu nehmen, sondern im Teamwork eine neue zu schaffen.

Von Anfang an hatte man die evangelische Seite zur Mitarbeit eingeladen. Diese wurde aber mit Rücksicht auf die laufende Revision der Lutherbibel zunächst abgelehnt. Erst 1967 kam es zu einer Zusammenarbeit. Man einigte sich zuerst auf eine vereinheitlichte Wiedergabe der biblischen Eigennamen in deutscher Sprache (»Loccumer Richtlinien«). Auf Grund der Mitwirkung evangelischer Bibelgelehrter gilt heute das ganze Neue Testament der Einheitsübersetzung und das Psalterium als »ökumenisch«.

1972 wurden die Texte des Neuen Testaments, 1974 die des Alten provisorisch veröffentlicht. Man wollte testen, wie die neue Übersetzung bei den Christen ankommt. Bis 1975 sind rund 10000 Stellungnahmen für das Neue Testament und 1100 für das Alte eingegangen. Revisionskommissionen überprüften alle Einwände auf Grund wissenschaftlicher und sprachlicher Überlegungen. An verschiedenen Stellen wurde der Wortlaut in Deutsch daraufhin geändert. Im Frühjahr 1978 haben die Bischöfe den revidierten Text für den gesamten deutschen Sprachraum bestätigt. Nun liegt der endgültige Text vor.

Weihbischof Dr. Alois Stöger, St. Pölten, ein verantwortlicher Bischof in der Revisionskommission, schilderte bei der Pressekonferenz, wie verantwortungsbewußt und penibel man beim Übersetzungswerk vorgegangen sei. Der Auftrag, aus dem Urtext eine Übersetzung in das gehobene Gegenwartsdeutsch anzufertigen, die leicht lesbar und auch singbar sein soll, war nicht leicht.

Manche Formulierung des Textes von 1972 bzw. 1974, die zwar dem Wortlaut des Urtextes besser entsprochen hätte, mußte ob des massiven Einspruchs der Praktiker beider Konfessionen zurückgenommen werden. So beginnen die Seligpreisungen der Bergpredigt jetzt wieder mit »selig« und nicht mit »Wohl euch«, die »dummen Mädchen« sind wieder »törichte Jungfrauen«, bei Matthäus 1,23 wird die Jungfrau nicht »schwanger«, sondern »ein Kind empfangen« und ähnliches.

Die Arbeit sei sehr fruchtbar gewesen, meinte der Weihbischof. Wichtig wäre, daß diese Bibel nun auch eifrig gelesen wird.

Das Neue Testament kommt mit seinen 664 Seiten auf Dünndruckpapier noch im November in den Buchhandel. In Plastik wird es S 84,20, in Balacron S 76,40 kosten.

(Wiener Kirchenzeitung 4. 11. 1979)

# Einheitsbibel: Ein Ereignis in der Kirche

## Erstmalig offizielle Bibelübersetzung in deutscher Sprache

*Nicht nur eitel Freude war die Reaktion auf die Ankündigung der »Einheitsbibel« in revidierter oder – wie man auch hören kann – in endgültiger Fassung. Kopfschütteln gab es bei Outsidern (»wie oft wird das Buch noch übersetzt!«), Unwillen auch bei Insidern (»seit dem Konzil nichts als Änderungen«). Dennoch: das Interesse ist unwahrscheinlich groß, vor allem staunenswert in eher kirchlich distanzierten Kreisen.*

Man horcht auf, wenn man von hundertdreißig Mitarbeitern erfährt, die sich noch dazu nicht bloß aus Theologen, sondern auch aus Sprachwissenschaftlern und Schriftstellern (darunter Heinrich Böll, Christa Reinig und Rudolf Henz) zusammensetzten, wenn von einem Zeitaufwand von immerhin achtzehn Jahren die Rede ist. Die Nachfrage ist jedenfalls so groß, daß die Auslieferung im ganzen deutschen Sprachgebiet (nicht nur in Österreich) zunächst einmal zusammengebrochen ist.

Eine solche Übersetzung hat es in der Geschichte der katholischen Kirche des deutschen Sprachraumes des jetzt noch nicht gegeben. Die offizielle Liturgie war ja vor dem Zweiten Vatikanischen Konzil lateinisch und in dieser Sprache gab es von alters her die einheitliche »Vulgata«, die auf den Kirchenvater Hieronymus († ca. 420) zurückgeht. Man erinnere sich an das Dilemma, daß in den einzelnen Gebetbüchern verschiedenste Psalmenübersetzungen vorzufinden waren, daß nicht einmal die Perikopenbücher, aus denen Lesung und Evangelium bei der Messe vorgetragen wurden, in ihrer Diktion übereinstimmten.

Eine einheitliche katholische Übersetzung zu schaffen, war, so gesehen, zunächst einmal eine Konsequenz der Liturgieerneuerung, die der Landessprache größeren Raum bot. Man machte sich die Erfahrung der evangelischen Christen zu eigen, bei denen durch die Verwendung eines einzigen Textes, den Luther, eine weit bessere Vertrautheit mit der Bibel als bei den Katholiken entstanden war.

Die deutschsprachigen Bischöfe gaben daher schon während des Konzils die neue Übersetzung in Auftrag, wobei von Anfang an das Ziel war, diesen Text der Liturgie und der Katechese zugrunde zu legen. Private Initiativen für Übersetzungen sind damit jedoch nicht ausgeschaltet.

1972 erschien eine Vor-Ausgabe des Neuen Testaments, 1974 eine solche des Alten Testaments in Form von unkommentierten Leseexemplaren. Man nahm das Risiko auf sich, den Text zunächst einmal in der Praxis zu erproben. In diesem Vorstadium fand er Eingang in die bereits notwendig gewordenen Lektionare, aber auch in Schul- und Gebetbücher.

Die Reaktion: über elftausend Abänderungsvorschläge kamen von der Basis zurück. Für die eingesetzte Revisionskommission ergaben sich nun andere Kriterien als die der Bibel- und Sprachwissenschaftler, die nun in vielen Fällen – aus ihrer Sicht – Rückzüge in Kauf nehmen mußten. Im Frühjahr 1978 konnte die Kommission das Ergebnis ihrer Arbeit den Bischöfen vorlegen, die sich vorbehaltlich einiger Änderungen zu dem Text bekannten.

Im Herbst 1979 wurde nun von Kardinal Höffner in Bonn und von Kardinal König in Wien zunächst einmal das »neue« Neue Testament vorgelegt. Das Alte Testament wird im Frühjahr 1980 nachfolgen.

Der verdienstvolle Initiator der Übersetzung und Leiter des eigens für sie geschaffenen Institutes »Katholische Bibelanstalt Stuttgart«, Professor Otto Knoch, charakterisiert die Übersetzung so: »Das alte Wort ist neu auszusagen, damit die immer gültige Botschaft Gottes auch heute gehört und verstanden, angenommen und gelebt werden kann.« Mit diesen Worten ist der Vorwurf, den man heute vielfach den Kirchen macht, aus »Anbiederungsgründen« auf ihre »klassischen« Übersetzungen zu verzichten, entkräftet.

Die archaische Diktion mag Stimmung wecken, schafft aber für jeden, der sich neu mit der Bibel auseinandersetzen will, Distanz. Interesse genügt nicht; für die Kirchen ist die Bibel nach wie vor, ja heute mehr als früher, ein Buch, das einen Anspruch erhebt. Es muß den Menschen treffen, ihm unter die Haut gehen. Ein ästhetisch-traditionalistischer Ansatz wäre von da her gesehen, zu schwach.

So heißt es etwa im neuen Text: »Jagt der

Liebe nach! Strebt aber auch nach den Geistesgaben, vor allem nach der prophetischen Rede!« In der Luther-Übersetzung (revidierter Text 1956) lautete die Stelle so: »Strebet nach der Liebe! Befleißiget euch der geistlichen Gaben, am meisten aber, daß ihr weissagen möget!« (1. Kor 14,1). Man machte der Einheitsübersetzung bereits den Vorwurf, sie sei zu rational, »zu wenig vom Gemüt und Herz geprägt«.

Daß dieser Vorwurf nicht allein auf Grund der lutherischen Tradition erfolgt, zeigt der Textvergleich mit einer romantisierenden katholischen Übersetzung aus den zwanziger Jahren von Schäfer, die in die weitverbreitete Parsch-Bibel Eingang gefunden hat: »Trachtet nach der Liebe! Eifrig bemüht euch um die Geistesgaben, besonders aber, daß ihr prophetisch redet.«

Nicht alle Übersetzungsversuche haben die Reformkommission überlebt. Der Gegendruck von der Basis her, der vor allem vom liturgischen Gebrauch bestimmt war, forderte manches zurück, was bereits zur Literatur geworden war, so etwa das Wort »selig« bei den nun einmal schon so genannten »Seligkeiten«. In der Version von 1972 hieß es bekanntlich: »Wohl denen, die trauern« usw., wobei man dem griechischen Wort »makarios« gerecht werden wollte, das nicht die »jenseitige« Färbung wie das deutsche »selig« hat.

Ob die Übersetzung als »literarisch wertvoll« zu bezeichnen ist, wird man nicht nur in Vergleichen mit früheren Übersetzungen ersehen können. Ein Manko belastet die Einheitsübersetzung und im übrigen auch die beiden anderen großen deutschen Bibelübersetzungen unserer Zeit (Gute Nachricht und Luther-Revision 1975): es fehlt das Geniale, die persönliche Note, die Entstehung oder Überarbeitung sozusagen in der Retorte erfolgt ist. Keine Kommission kann einen Martin Luther, Otto Karrer oder Romano Guardini ersetzen.

Berechtigte Kritik entstand daher vor allem bei poetischen Texten, vor allem bei den Propheten. Gut aufgenommen wurde allerdings der Psalter, gerade wegen seiner künstlerisch-rhythmischen Diktion, die in wohltuender Weise Pathos vermeidet, wie etwa in Psalm 104,30: »Und du erneuerst das Antlitz der Erde.« (Bei Guardini: »Und also erneust Du der Erde Antlitz.«)

Die neuen Bibelausgaben laufen unter der Bezeichnung »Einheitsübersetzung«; sie werden als »ökumenische Ausgabe« angekündigt. Es muß klargestellt werden, daß diese Bezeichnungen keineswegs bedeuten, daß die neue Übersetzung auch in den evangelischen Kirchen offiziellen Charakter hat. An der Übersetzung wirkten etliche evangelische Theologen mit, die von der Evangelischen Kirche Deutschlands (EKD) regelrecht beauftragt worden waren.

Als Herausgeber fungierten neben der Katholischen Bibelanstalt Stuttgart und dem Österreichischen Katholischen Bibelwerk auch die evangelische »Deutsche Bibelstiftung Stuttgart«. Nach Fertigstellung begrüßte die EKD die Übersetzung, die in den als »ökumenisch erklärten Teilen« (Neues Testament und Psalmen) auch im evangelischen Bereich, so wie bisher einige andere Übersetzungen neben dem nach wie vor offiziellen Luthertext verwendet werden dürfen. Es ist dabei aber eher an privaten Gebrauch gedacht.

Die revidierte Einheitsübersetzung ist bereits im Stundenbuch – auch in den bereits erschienenen Teilen – enthalten; die allgemeine Übernahme in den Wortgottesdienst der Messe wird allerdings fließend erfolgen: bei einer Neuauflage der Lektionare werden nicht nur Textrevisionen berücksichtigt; es ist auch an eine geringfügige Überarbeitung der Perikopen gedacht.

Ausgaben für den Schulunterricht, die den revidierten Text enthalten, werden in Österreich nicht vor dem Schuljahr 1981/82 zu erwarten sein. Bei dieser Gelegenheit sollen den Schülern neben neutestamentlichen Texten auch alttestamentliche angeboten werden. Den Standardausgaben des Neuen und Alten Testamentes werden ab kommendem Frühjahr eine Fotoausgabe des Neuen Testamentes und ab kommendem Herbst eine gut kommentierte »Familienbibel« allen Interessierten zur Verfügung stehen.

Wie immer man zur revidierten Einheitsübersetzung der Heiligen Schrift stehen mag, eines dokumentiert dieses Werk: das unwiderrufliche Stehen der Kirche zum Geist des Zweiten Vatikanischen Konzils, das in allen seinen sechzehn Dokumenten die Bibel in den Mittelpunkt des Gottesdienstes, des Gebetslebens, der Theologie, der Verkündigung und des Lebens der Christen gestellt hat.

Norbert Höslinger
(Die Furche, Wien 23. 1. 1980)

# 4. Der Bericht von Kathpress vom 25. Oktober 1979

## Nach zwei Jahrzehnten Arbeit: Neue Einheitsübersetzung der Bibel

Kardinal König und Weihbischof Stöger präsentierten die neue ökumenische Einheitsübersetzung des Neuen Testaments

Wien, 25. 10. 79 (Kathpress) Nach zwei Jahrzehnten intensiver Arbeit ist jetzt die Einheitsübersetzung der Heiligen Schrift vollendet: Kardinal König und der für Bibelfragen in der Bischofskonferenz zuständige St. Pöltener Weihbischof Dr. Alois Stöger präsentierten Donnerstagmittag, 25. Oktober, in Wien die endgültige ökumenische Einheitsübersetzung des Neuen Testaments. Die Einheitsübersetzung des Alten Testaments (von dem die Psalmen ökumenisch von katholischer und evangelischer Kirche angenommen wurden) wird im Frühjahr 1980 vorliegen.

Kardinal König ging bei der Vorstellung der Einheitsübersetzung vor allem auf die Vorgeschichte ein und würdigte dabei die Initiativen von Pius Parsch und Prälat Rudolf für die katholische Bibelbewegung. »Wenn heute die Menschen um den Sinn des Lebens mehr als früher ringen, kommt der Bibel als Sinndeutung des menschlichen Lebens und der Welt besondere Bedeutung zu«, sagte der Kardinal. »Von der verstärkt gestellten Frage nach dem Sinn kommt wohl auch das vermehrte Interesse an der Bibel.«

Der St. Pöltner Weihbischof Stöger stellte ausführlich den Verlauf der 19jährigen Arbeit und die zum Teil sehr großen Schwierigkeiten bei der Übersetzung aus dem Urtext dar. Aus verschiedenen Gründen sei die neue Einheitsübersetzung kein »Buch aus einem Guß«. Der jetzt vorliegende offizielle kirchliche Text wolle neue Übersetzungen nicht verhindern, doch habe er Vorrang vor privaten Übersetzungen.

Unter den Katholiken wurde der Wunsch nach einer einheitlichen Übersetzung der Bibel vor allem im Zusammenhang mit der katholischen Bibelbewegung ab dem Beginn dieses Jahrhunderts laut, namentlich im Gottesdienst machten sich die verschiedenen Übersetzungen unangenehm bemerkbar. Als sich während des Konzils die Entwicklung einer landessprachigen Liturgie anbahnte, wurde die »Einheitsübersetzung« fast zur Notwendigkeit. 1961 ergriffen daher die deutschen Bischöfe auf Anregung des Bibelwerkes die Initiative: Sie gaben den Auftrag für Vorarbeiten. Bald schlossen sich die Bischöfe von Österreich, Schweiz, Luxemburg, Südtirol und Elsaß-Lothringen an. Man beschloß, nicht eine der vorhandenen Übersetzungen zu übernehmen, sondern eine neue im Teamwork zu schaffen.

Von Anfang an hatte man die evangelische Seite zur Mitarbeit eingeladen. Diese wurde aber mit Rücksicht auf die laufende Revision der Lutherbibel zunächst abgelehnt. Erst 1967 kam es zu einer Zusammenarbeit. Evangelische Bibelgelehrte wirkten mit; man einigte sich auf eine vereinheitlichte Wiedergabe der biblischen Eigennamen in deutscher Sprache. Stufenweise wurden Textabschnitte zu »ökumenischen« erklärt, d. h. diese Texte sind für evangelischen Gebrauch zugelassen (offizieller Text bleibt aber die Luther-Übersetzung). Heute gilt das ganze Neue Testament der Einheitsübersetzung und das Psalterium als »ökumenisch«.

Das Neue Testament erschien 1972 in erster Form, das Alte Testament 1974. Bis 1975 gingen für das Neue Testament rund 10000 Stellungnahmen ein; für das Alte Testament 1100. Die Revisionskommission überprüfte alle Einwände auf Grund wissenschaftlicher und sprachlicher Überlegungen. Im Frühjahr 1978 wurde der gesamte Text von den Bischofskonferenzen des deutschen Sprachraumes bestätigt. Als verantwortlicher Bischof wirkte in der Revisionskommission für die Einheitsübersetzung der St. Pöltner Weihbischof Dr. Alois Stöger. Übersetzer waren österreicherseits die beiden inzwischen verstorbenen Universitätsprofessoren

Dr. Josef Dillersberger (Salzburg) und Dr. Josef Sint (Innsbruck) sowie der Grazer Bibelwissenschafter Univ. Prof. Dr. Franz Zehrer. Weitere österreichische Mitarbeiter waren Prof. Rudolf Henz (Wien), Univ. Prof. Dr. Wolfgang Beilner (Salzburg), Univ. Prof. Dr. Leopold Lentner (Wien) sowie von evangelischer Seite Univ. Prof. Dr. Georg Molin (Graz).

# VIII. DIE FERTIGSTELLUNG DES ALTEN TESTAMENTS

Von links: Prof. Knoch, Weihbischof Plöger, Liz. Sitarz, Kardinal Höffner

Der Satz und Druck des sehr umfangreichen Alten Testaments erforderte viel mehr Zeit als das Neue Testament. Die ersten Exemplare des Alten Testaments wurden am Vormittag des 20. Mai 1980 im Erzbischöflichen Haus in Köln Kardinal Höffner überreicht. Zum gleichen Termin wurden allen Mitgliedern der an der Einheitsübersetzung beteiligten Bischofskonferenzen und allen Mitarbeitern der Übersetzung Belegstücke übersandt.

Am Nachmittag des 20. Mai wurden Ehrenexemplare des Alten Testaments in Frankfurt/Main an die Vertreter der Evangelischen Kirche und des Evangelischen Bibelwerks übergeben und am 30. Mai in Bonn-Bad Godesberg dem Pp. Nuntius.

Die Überreichung des Alten Testaments an den Vorsitzenden der Österreichischen Bischofskonferenz, Herrn Kardinal König, erfolgte in Wien am 6. Juni 1980.

Damit fand die Arbeit an der Einheitsübersetzung nach 18 Jahren ihre Vollendung.

# 1. Die Überreichung an Kardinal Höffner am 20. Mai 1980

Die Fertigstellung des Drucks des Alten Testaments fand ihren festlichen Ausdruck in einer schlichten Feier im Haus des Vorsitzenden der Deutschen Bischofskonferenz, Herrn Kardinal Joseph Höffner, in Köln. Dabei wurden kostbar gebundene *Ehrenexemplare an Kardinal Höffner* und die Verantwortlichen für die Revision und die Herausgabe des Alten Testaments durch den Geschäftsführer der Einheitsübersetzung und der Katholischen Bibelanstalt, *Professor Otto Knoch*, überreicht. An dieser Feier nahmen neben Kardinal Höffner und Professor Knoch teil: *Weihbischof Josef Plöger*, der Beauftragte der Deutschen Bischofskonferenz für die Revision des Alten Testaments; *Professor Josef Scharbert*, der exegetische Verantwortliche für die Übersetzung des Alten Testaments und Hauptverantwortliche für die Revision; *Prälat Anton Schütz*, der Vorsitzende der Katholischen Bibelanstalt, welche die Arbeit fianzierte und für die Veröffentlichung die Verantwortung trägt; *Professor Paul-Gerd Müller*, der Direktor des Katholischen Bibelwerks, das die Hauptlast der Arbeit für das Gelingen der Einheitsübersetzung trug, und *Lizentiat Eugen Sitarz*, der Redaktionssekretär für die Einheitsübersetzung. Als Vertreter der Presse waren anwesend Herr *Oskar Neisinger* vom Pressereferat der Deutschen Bischofskonferenz und Beauftragte der Katholischen Nachrichtenagentur.

Von links: Weihbischof Plöger, Prof. Knoch, Liz. Sitarz, Kardinal Höffner, Prof. Müller, Prof. Scharbert, Prälat Schütz

# Das Grußwort
# von Weihbischof Josef Plöger

Eminenz!
Sehr geehrte Herren!
Liebe Mitarbeiter der Einheitsübersetzung!

Ein freudiger Anlaß führt uns heute hier zusammen: Die Veröffentlichung der endgültigen Fassung des Alten Testaments im Druck. Damit ist die Einheitsübersetzung nach 18 Jahren intensiver Arbeit vollendet.
Die Feier findet im engsten Kreis der Verantwortlichen für die Einheitsübersetzung statt, weil die Einheitsübersetzung als ganze bereits am 1. Oktober 1979 der Öffentlichkeit vorgestellt wurde. Die Aufnahme des Neuen Testaments geschah mit soviel Aufmerksamkeit in der deutschsprachigen Öffentlichkeit, daß auch für das Alte Testament mit einem wachen Interesse gerechnet werden darf.
Der endgültige Text der ökumenisch erarbeiteten Psalmen wurde bereits im Jahr 1976 in Düsseldorf im Rahmen einer ökumenischen Feierstunde verabschiedet. Er ist inzwischen durch das Gotteslob, das Stundenbuch und die Lektionare zum festen Besitz der katholischen Gläubigen geworden und hat sich liturgisch bewährt.
Die übrigen Texte des Alten Testaments wurden zwar nicht im Auftrag der Evangelischen Kirche und des Evangelischen Bibelwerks übersetzt, doch haben Vertreter der Evangelischen Michaels-Bruderschaft und der früheren Württembergischen Bibelanstalt in Stuttgart von Anfang an daran mitgearbeitet.
Die Übersetzer, die Mitarbeiter und die Mitglieder der Bischöflichen Revisionskommission wußten sich bei ihrer Arbeit der ernsten Mahnung verpflichtet: »Lehre mit gesundem, unanfechtbarem Wort«. Dieses Wort schrieb der hl. Paulus an Titus, der sich durch Erledigung schwieriger Aufträge bereits früher bewährt hatte. Er soll – so sagt der Apostel – »ohne Falschheit und mit Würde lehren, mit gesundem, unanfechtbarem Wort« (Tit, 2,7.8).
Es wird nun darum gehen, daß auch das Alte Testament von allen, die in der Verkündigung stehen und die Gottes Wort zur Grundlage ihrer persönlichen Begegnung mit Gott machen, intensiv gelesen, studiert und betrachtet wird. Dazu sind gewiß noch viele bibelpastorale Anstrengungen notwendig. Das volkstümliche Sprichwort »Wie man liest die Bibel, so steht des Hauses Giebel« ist in unserer Zeit nicht weniger bedeutsam als zu jener, da unsere Väter und Großväter Gottes Wort an Sonntagen lasen, es kannten und daraus lebten. Mein Wunsch läßt sich in die Worte vom Psalm 1 fassen: »Wohl dem Mann, der . . . Freude hat an der Weisung des Herrn, über seine Weisung nachsinnt bei Tag und bei Nacht. Er ist wie ein Baum, der an Wasserbächen gepflanzt ist, der zur rechten Zeit seine Frucht bringt und dessen Blätter nicht welken. Alles, was er tut, wird ihm gut gelingen.«

# Die Ansprache von Kardinal Josef Höffner

## »Vielen Menschen den Weg zum Gott der Offenbarung öffnen«

Wie das Leben der Kirche sich nährt durch die ständige Teilnahme am eucharistischen Geheimnis, so darf man neuen Antrieb erhoffen für das geistliche Leben aus der gesteigerten Verehrung des Wortes Gottes, das »in Ewigkeit bleibt« (DV 26). Von diesem Grundsatz ausgehend, empfahlen die Bischöfe auf dem Zweiten Vatikanum, im Gottesdienst »den Tisch des Wortes Gottes« reichhaltiger zu decken als bisher und alle wichtigen Texte des Wortes Gottes in mehrjähriger Lesung vortragen und auslegen zu lassen (SC 24,51). Darum »bemüht sich die Kirche«, so erklärt das Konzil, »daß brauchbare und genaue Übersetzungen in die einzelnen Sprachen erarbeitet werden, mit Vorrang aus dem Urtext der Heiligen Bücher« (DV 22). Nach Möglichkeit soll dabei »die Zusammenarbeit mit den getrennten Brüdern« gesucht werden (ebd.).

Im Sinne des Konzils beschlossen die Bischöfe des deutschen Sprachraums, eine neue, einheitliche Übersetzung aus den Urtexten für den kirchlichen Gebrauch in Liturgie und religiöser Unterweisung schaffen zu lassen. Bei den Psalmen kam es zu offizieller Zusammenarbeit mit Beauftragten des Rats der Evangelischen Kirche in Deutschland und des deutschen Evangelischen Bibelwerks. An den übrigen Texten arbeiteten von Anfang an auch Vertreter der Michaelsbruderschaft und der Württembergischen Bibelanstalt mit. Seit 1974 lag die Übersetzung des ganzen Alten Testaments in vorläufiger Endfassung vor, wurde aber bereits seit 1969 in gottesdienstlichen Lektionaren erprobt.

Exegeten, Germanisten, Liturgiker, Katecheten und Kirchenmusiker haben an diesem großen Werk mitgearbeitet. Auch die Stellungnahme aller Urteilsfähigen wurde dazu erbeten und bei der Endrevision berücksichtigt.

Die Botschaft des Alten Testaments ist für die Kirche nicht etwas Überholtes, denn, um mit den Worten der Konstitution über die Göttliche Offenbarung zu reden, »in der (ganzen) Heiligen Schrift offenbart sich . . . eine wunderbare Herablassung der ewigen Weisheit, ›damit wir die unsagbare Menschenfreundlichkeit Gottes kennenlernen‹ (Joh. Chrysostomos) . . .«. In den Schriften des Alten Bundes »drückt sich« – nach Aussage dieses Konzilsdokuments – »ein lebendiger Sinn für Gott aus. Hohe Lehren über Gott, heilbringende menschliche Lebensweisheit, wunderbare Gebetsschätze sind in ihnen aufbewahrt. Schließlich ist das Geheimnis unseres Heils in ihnen verborgen. Deshalb sollen die Bücher von denen, die an Christus glauben, voll Ehrfurcht angenommen werden. Gott, der die Bücher beider Bünde inspiriert hat und ihr Urheber ist, wollte in seiner Weisheit, daß der Neue (Bund) im Alten verborgen und der Alte im Neuen erschlossen sei« (DV 15,16).

Voll Freude darf ich daher das erste Exemplar der Einheitsübersetzung des

Alten Testaments in der Endfassung entgegennehmen und die Öffentlichkeit zugleich auf dieses Ereignis der Vollendung des Drucks der Einheitsübersetzung hinweisen. Möge nun das Wort Gottes in seiner Fülle auch in der Kirche unseres Sprachgebietes seine heilschaffende Wirksamkeit entfalten. »Denn Gottes Wort ist lebendig und wirksam«, wie der Hebräerbrief sagt (4,12; vgl. DV 21).

Zugleich benütze ich diese *Gelegenheit, um* all denen *zu danken,* die sich in besonderer Weise für das Zustandekommen und Gelingen dieses Werkes eingesetzt haben:

An erster Stelle nenne ich *die bischöflichen Beauftragten,* die mit Umsicht, Sachkunde und Eifer dem Unternehmen vorstanden, *die Herren Bischöfe Leiprecht und Schick,* die leider heute hier nicht anwesend sein können; sodann *Herrn Weihbischof Plöger,* selbst engagierter Alttestamentler, der die schwierige Revisionsarbeit vielfältigen Widerständen zum Trotz mit Klugheit und Tatkraft zu einem guten Ende führte.

Ich danke auch dem *Katholischen Bibelwerk,* vertreten durch seinen Direktor, *Professor Paul-Gerd Müller,* das die Initiative für dieses Werk ergriff und die Last der technischen Durchführung trug.

Ich danke der *Katholischen Bibelanstalt,* deren Vorsitzenden, Herrn *Prälat Anton Schütz,* ich hier begrüße. Ich danke seinen Vorgängern und Mitarbeitern, die in den letzten Jahren die Mittel für das Unternehmen bereitstellten und die Verantwortung für den Druck übernahmen.

Vor allem aber möchte ich den *Übersetzern* am Alten Testament danken, den Lebenden und den bereits Verstorbenen, hier vertreten durch die Herren *Professor Josef Scharbert, Professor Otto Knoch* und *lic. bibl. Eugen Sitarz.*

Professor Josef Scharbert war neben *Professor Vinzenz Hamp* von Anfang an als Mitglied des Arbeitsausschusses und als Übersetzer hauptverantwortlich für die bibelwissenschaftliche Seite der Übersetzung. Vor allem oblag ihm allein die Verantwortung für die umfängliche und zeitraubende Arbeit der Revision und der Drucklegung des endgültigen Textes.

Ihm zur Seite stand von Anfang an der Initiator der Einheitsübersetzung, der als Geschäftsführer die Arbeit plante, koordinierte, mit den Bischöfen und den evangelischen Auftraggebern abstimmte und später als Geschäftsführer der Katholischen Bibelanstalt auch für den Druck sorgte, Herr Professor Otto Knoch.

Als Vertreter der »stillen Mitarbeiter« beim Bibelwerk und bei der Bibelanstalt ist hier anwesend Herr lic. Eugen Sitarz, ein polnischer Bibelwissenschaftler, der neben Professor Knoch in vorbildlicher Weise für Redaktion, Korrektur, Erstellung von Vorlagen und Satz des Textes Sorge trug.

Ihnen und all *ihren Mitarbeitern* danke ich in dieser Stunde noch einmal von Herzen.

Ein besonderes Wort des Dankes möchte ich *auch den evangelischen Mitarbeitern* für loyale und schöpferische Zusammenarbeit sagen. Heute nachmittag werden Herr Weihbischof Plöger, Herr Professor Scharbert und Herr Professor Knoch diesen Dank *Herrn Landesbischof Lohse* und *Herrn Oberkirchenrat Gundert* übermitteln, die heute an einer Sitzung des Evangelischen Bibelwerks in Frankfurt teilnehmen.

Mit Dank sei schließlich auch der *übrigen Mitarbeiter* gedacht, vor allem derer, die um die sprachliche Gestalt der Übersetzung besorgt waren.

Möge diese Übersetzung vielen Menschen unserer Sprache den Weg zum Gott der Offenbarung öffnen!

# Der Bericht von Professor Josef Scharbert

Endlich kann nun auch das Alte Testament in der Endfassung der Einheitsübersetzung den Auftraggebern und der Öffentlichkeit übergeben werden.
Die Geschichte dieser Übersetzung wurde bereits bei der Vorstellung des
Neuen Testaments im Oktober 1979 in Bonn eingehend dargelegt. Ich be-
schränke mich daher auf eine kurze Rekapitulation, vor allem soweit es das
Alte Testament betrifft, umreiße dann einige Probleme, mit denen die Übersetzer zu ringen hatten, und mache auf einige offene Fragen aufmerksam.

## I. Zur Geschichte der Einheitsübersetzung: Altes Testament

Bereits 1960 stellte der Wissenschaftliche Beirat des Katholischen Bibelwerks Stuttgart erste Überlegungen zu einer Einheitsübersetzung der Bibel
an und veranlaßte das Bibelwerk zu einem Gutachten für die deutschen Bischöfe. Schon 1961 beauftragte die Deutsche Bischofskonferenz die Bischöfe
Freundorfer und Leiprecht, Vorbereitungen für eine solche Übersetzung zu
treffen. 1962 wurde ein Arbeitsausschuß berufen, bestehend aus den genannten Bischöfen, aus Fachexegeten, Katecheten und Liturgikern und einem aktiven Schriftsteller, Professor Rudolf Henz, Wien. Dieser Arbeitsausschuß stellte eine alt- und eine neutestamentliche Übersetzergruppe zusammen, die dann nach Grundsätzen, die von Vinzenz Hamp und Heinrich
Schlier aufgestellt worden waren, an die Arbeit gingen. Diese Grundsätze
konkretisierten den Auftrag der Bischöfe, die Bibel nach den Urtexten in ein
gehobenes Gegenwartsdeutsch so zu übersetzen, daß die Übersetzung gut
lesbar, für die Katechese brauchbar, für den liturgischen Gebrauch hörbar
und, wo nötig, auch singbar ist.
Beim Alten Testament hat je ein hauptverantwortlicher Übersetzer, der
auch für die Endfassung laut Vertrag das letzte Wort haben sollte, einen
Rohentwurf für das betreffende Buch geliefert, den alle Mitarbeiter erhiel-
ten. In kleineren Gruppen wurden dann Änderungsvorschläge besprochen.
Die Abstimmung über Begriffe, die auch in anderen Büchern vorkommen,
erfolgte in Vollversammlungen der Übersetzergruppe. Von Anfang an war
eine ökumenische Zusammenarbeit mit der Evangelischen Kirche vorgesehen. Doch kam es wegen der vor dem Abschluß stehenden Revision der Lutherbibel erst 1967 zu einer nur teilweisen Zusammenarbeit, die sich dann
zwar auf das ganze Neue Testament, im Alten Testament aber nur auf die
Psalmen erstreckte. Nach Zustimmung des Arbeitsausschusses und der
Deutschen Bischofskonferenz konnte 1972 das Neue Testament und 1974
das Alte Testament als Probedruck erscheinen, dessen Vorwort zu Kritik
und Mitteilung von Änderungswünschen aufrief.
Im Jahre 1976 beauftragte die Deutsche Bischofskonferenz eine Revisionskommission unter Leitung von Weihbischof Josef Plöger mit der Erstellung
der Endfassung. Diese Kommission sichtete alle bis dahin eingegangenen
1000 Änderungswünsche von Lesern des Probedrucks, die 175 Voten von Bischöfen und die zahlreichen Kritiken, die eine Kölner Arbeitsgruppe ange-

meldet hatte. Die Revisionskommission sah sich bei einigen Büchern zu so starken Veränderungen veranlaßt, daß unter Umständen ein ganzes Buch neu übersetzt werden mußte. Im Februar 1978 gab die Deutsche Bischofskonferenz die Zustimmung zur Veröffentlichung des erstellten Endtextes. Ich bat damals die Deutsche Bischofskonferenz um die Erlaubnis, kleine Verbesserungen vorzunehmen, falls sich während des Druckes solche als notwendig erweisen sollten. Daraufhin überprüften vier Exegeten nochmals den gesamten Text, bevor der Text der Druckerei übergeben wurde; ich selbst verglich ihn nochmals mit dem Urtext. So ergaben sich selbst während der Arbeit an den Druckfahnen und am Umbruch aus Gründen der Vereinheitlichung oder aus Wünschen des Liturgischen Instituts, Trier, das gerade die Brevierlesungen zum Druck vorbereitete – ich stand mit ihm über P. Odo Haggenmüller, der die Korrekturfahnen zum Brevier erhielt, in Verbindung –, immer noch einzelne Verbesserungen. Was die ökumenisch erarbeiteten Psalmen betrifft, ist zu bemerken, daß deren Text auf Wunsch der Bischöfe in der Fassung des Probedrucks belassen wurde, weil sie bereits in das Einheitsgesangbuch »Gotteslob« Eingang gefunden und sich im Chorgebet der Klöster bewährt hatten.

Eine von der Deutschen Bischofskonferenz benannte Anmerkungskommission hatte sodann noch Einleitungen zu den biblischen Büchern, Anmerkungen zu wichtigen Textstellen und Anhänge für den Leser zu erarbeiten, was in enger Zusammenarbeit mit den Hauptübersetzern oder durch diese selbst geschah. Diese Arbeit war abgeschlossen, als der Druck des Übersetzungstextes in den Umbruch ging. Der nun vorliegende Endtext kann, wie ich als für diesen Text hauptverantwortlicher Exeget sagen zu können glaube, exegetisch und theologisch gut verantwortet werden, wenn ich auch zugeben muß, daß sicher noch manche Fehler übersehen wurden. Wie bei der Neuauflage des Neuen Testaments werden auch bei einer 2. Auflage des Alten Testaments wohl noch einige Korrekturen notwendig sein. Gewiß werden aber die Kritiker auch sonst vieles zu beanstanden haben. Sie sollten dabei aber folgende Gegebenheiten bedenken, die ich kurz umreißen möchte.

## II. Probleme

Eine Übersetzung, an der so viele Fachleute mitarbeiten, kann nie ganz einheitlich sein. Da der jeweilige Hauptübersetzer eines Buches oder einer Buchgruppe die volle Verantwortung für seinen Text bis zuletzt behielt, konnte ihn die Revisionsgruppe bei abweichender Meinung über den Sinn eines Textes nur von ihren Überzeugungen zu überzeugen suchen, was in der Regel auch gelang. Bisweilen beharrte ein Hauptübersetzer aber auf seinem Text. Dann ergaben sich zuweilen Unterschiede bei gleichem Grundtext in anderen Büchern, wenn die Mitarbeiter diesen Text nicht für andere Stellen übernehmen wollten. So blieb zum Beispiel im Deuteronomium die Wendung »Der Herr bringt seinen Namen an Jerusalem/am Tempel an« erhalten, während es in anderen Büchern heißt: »Der Herr legt seinen Namen auf Jerusalem/den Tempel«. Solche Fälle gab es mehrere.

Kritiker des Probedrucks beanstandeten die fehlende Einheitlichkeit der Übersetzung bei hebräischen Wörtern wie śar (Fürst, Hofbeamter, Stammesführer usw.), ṣoʾn (Schafe, Schafe und Ziegen, Herde, Vieh), ḥārāh (in Zorn geraten, es überlief ihn heiß, ergrimmen u. dgl.). Solche Ausdrücke muß man aber je nach Zusammenhang verschieden übersetzen; hier wäre Vereinheitlichung Verrat am Sinn des Urtextes. Ob dann jeweils immer der genaue Sinn auch getroffen wurde, war zuletzt durch den einzelnen Übersetzer zu entscheiden. Ich glaube aber wenigstens behaupten zu dürfen, daß die jeweils getroffenen Entscheidungen zumindest wissenschaftlich möglich und darum zu rechtfertigen sind. Ich muß jedoch auch gestehen, daß wir für die Revision verantwortlichen Exegeten uns bisweilen nur sehr widerstrebend einem bestimmt ausgesprochenen Änderungswunsch eines Bischofs gebeugt haben, wie z. B. bei der jetzigen Formulierung von Gen 1,1 und von Jes 7,14. In solchen Fällen trägt die Hauptverantwortung der betreffende Bischof. Dennoch möchte ich betonen, daß wir als Übersetzer dabei aber die Verantwortung mittragen, weil sich immerhin genügend Gründe finden ließen, die auch solche Entscheidungen einsichtig machen. Im Fall von Jes 7,14 ist es das Gewicht der Septuaginta und des Neuen Testaments (vgl. Mt 1,23), in Gen 1,1 die bisherige Übersetzungstradition, die auch auf unsere Dichtung und klassische Musik nachhaltig eingewirkt hat.

Einer stärkeren Vereinheitlichung stand auch der Umstand im Weg, daß am Text der Psalmen nichts mehr geändert werden durfte. Wir haben uns dann zwar bemüht, bestimmte Wendungen in anderen Büchern an den Psalmtext anzupassen; gelegentlich sind wir aber davon abgewichen, weil uns der Psalmtext verbesserungsbedürftig schien.

Unausgewogen werden Kritiker die Einleitungen, Anmerkungen und Anhänge finden. Nun mußten aber gerade für diese Teile die Grundsätze recht weit gefaßt werden. Auch hier konnte man den Mitarbeitern nicht jede Freiheit in der Formulierung und in der wissenschaftlichen Auffassung nehmen. So meinte der eine Mitarbeiter, etwas knapper, der andere etwas ausführlicher sein zu dürfen. Nicht sehr glücklich war der für das Alte und das Neue Testament geltende Grundsatz, bei den ökumenischen Texten möglichst keine theologischen Anmerkungen zu machen, um konfessionell geprägte Kontroversen zu vermeiden. Das führte beim Psalter dazu, daß fast nur textkritische Anmerkungen beigegeben worden sind. Wir merkten zu spät, daß sich die Übersetzer des Neuen Testaments gar nicht so streng an diesen Grundsatz hielten. So fällt leider in dem Ihnen nun vorgelegten Text der Psalter etwas aus dem Rahmen des Alten Testaments hinsichtlich des Anmerkungsapparates. Es ist aber geplant, für eine Sonderausgabe der Psalmen den Anmerkungsteil stark zu erweitern.

Es war außerdem unvermeidlich, daß in Einleitungen und Anmerkungen die einzelnen Mitarbeiter bisweilen textkritische, sachliche, theologische oder historische Meinungen vertraten, die weder alle Mitarbeiter noch sicher alle Fachexegeten teilen. Doch auch hier gilt, daß alles Gesagte wissenschaftlich verantwortet werden kann. Es wird Aufgabe einer geplanten Begründung der Übersetzung (in der neuen Echter-Bibel) sein, in solchen Fragen auf Kritik zu antworten. Das konnte nicht jetzt schon im Anmerkungsteil vorweggenommen werden.

Zur Frage der Chronologie sei gesagt, daß wir uns im großen und ganzen an die Zeittafel des Probedrucks gehalten haben, die der sehr einleuchtenden Chronologie von Ernst Vogt und V. Pavlovský folgte. Ich habe versucht, abweichende Jahreszahlen in Anmerkungen und Einleitungen mit der Zeittafel zu harmonisieren. Nur in einem Fall mußte ich, weil der Mitarbeiter seine ganze Argumentation auf eine Jahreszahl gründete, die Zeittafel entsprechend »abstimmen«. Dieses Verfahren läßt sich rechtfertigen, weil alle Jahreszahlen der Geschichte Israels bis zur Makkabäerzeit eine Fehlerquote von einigen Jahren enthalten. Das kommt daher, daß wir in den biblischen Angaben oft nicht wissen, von welchem Neujahrsdatum sie ausgehen und ob die Regierungszeiten der Könige Mitregentschaften einschließen oder nicht.

## III. Offene Fragen

Angesichts solcher Unsicherheiten und noch durchaus möglichen Fehlern im vorliegenden Text der Übersetzung erhebt sich eine erste Frage:

1. Soll man eine kleine Kommission mit der Beobachtung der Kritik und dann entsprechend mit der ständigen Korrektur von Neuauflagen beauftragen oder soll man einen Teil der bisherigen Revisionskommission lediglich damit beauftragen, reine Druckfehler und etwa festgestellte Übersetzungsfehler zu korrigieren und sonst lediglich den Druck von Neuauflagen zu überwachen? Für den Text plädiere ich für den zweiten Weg, für Einleitungen und Anmerkungen für den ersten.

2. Eine zweite Frage sehe ich in der Forderung nach vollständiger Anpassung der liturgischen Texte an die unterdessen erschienene Nova-Vulgata gegeben, die nach dem Vorwort von Papst Johannes Paul II. die verbindliche Grundlage für die biblischen Übersetzungen in die jeweiligen Landessprachen der liturgischen Bücher sein soll. Wir hatten den Auftrag, die Bibel aus den Urtexten zu übersetzen. Daran darf nicht mehr gerüttelt werden, weil jede Bibelübersetzung aus einer Übersetzung ein Rückschritt wäre. Für den liturgischen Gebrauch kann aber durchaus die von den Urtexten her revidierte Vulgata als Grundlage dienen, weil die ganze katholische Liturgie durch die Sprache der Vulgata geprägt wurde. Bei unserer Einheitsübersetzung mußte man den betreffenden Hauptübersetzer entscheiden lassen, was er bei bestimmten Büchern, etwa den deuterokanonischen Abschnitten von Daniel, bei Tobit, Judit und besonders bei Sirach, als Urtext gelten lassen will. Hier haben wir bisweilen andere Entscheidungen getroffen als die Bearbeiter der Nova-Vulgata, die zur Zeit des Abschlusses unserer Übersetzung noch gar nicht vorlag. Ich persönlich empfehle hier, man sollte auch in den deutschen liturgischen Büchern die Einheitsübersetzung soweit als möglich zugrunde legen. Wenn es bei Sirach erforderlich würde, von der Einheitsübersetzung abzuweichen, dann muß für das Lektionar eine eigene Übersetzung des betreffenden Textes geschaffen werden. In den Brevierlesungen halte ich das nicht für notwendig. Zu den Breviertexten möchte ich noch sagen, daß sich bei Neuauflagen der Brevierfaszikel einige kleinere Korrekturen an Hand der Einheitsübersetzung ergeben werden, weil nicht mehr alle bei der Drucklegung der Einheitsübersetzung notwendigen Korrekturen rechtzeitig für den Druck der Brevierfaszikel berücksichtigt werden konnten.

3. Die am schwersten zu beantwortende Frage ist für mich die nach dem weiteren ökumenischen Ziel. Das Neue Testament und der Psalter in ökumenischer Fassung werden m. E. sehr bald die dringende Frage der Kirchenmitglieder provozieren: Warum nicht eine voll ökumenische Bibel? Wir haben jetzt nur eine ökumenische »Halbbibel«, die einerseits für die Evangelische Kirche in Deutschland nicht einmal offiziell verbindlich ist, sondern nur für ökumenische Gottesdienste und Gruppen dienen soll, und die andererseits nur ein Werk der deutschen katholischen Bischöfe und des Rates der Evangelischen Kirche in Deutschland, nicht aber der

schweizerischen Reformierten und der Freikirchen ist, die doch auch in die heutige ökumenische Bewegung einbezogen sind. Soll man schon jetzt, nachdem man einige Erfahrungen mit der Einheitsübersetzung gesammelt hat, an eine voll ökumenische Bibel denken? Vielleicht ist die Frage zu früh angeschnitten; ich fürchte aber, sie wird sehr bald akut werden, und es könnten sich private Kreise an diese Aufgabe machen. Die Deutsche Bischofskonferenz und die Evangelische Kirche in Deutschland sollten sich daher bald einmal mit dieser Frage beschäftigen.

4. Unser Altes Testament weist noch einen weiteren bedauerlichen ökumenischen Mangel auf: Es fehlen die deutschen Juden. Als ich auf dem Deutschen Orientalistentag in Berlin im April dieses Jahres über den Abschluß der Einheitsübersetzung berichtete, bedauerten alle anwesenden Judaisten, unter ihnen mehrere Juden, außerordentlich, daß man keine Juden zur Mitarbeit eingeladen hatte. Ich konnte sie nur damit beschwichtigen, daß ich mitteilte, es sei leider auch zu keiner Mitarbeit der schweizerischen Reformierten gekommen, und so hätten wir uns mit einem Minimal-Ökumenismus begnügen müssen. Die lebhafte Diskussion um Jes 7,14 überzeugte mich dann auch, daß eine ökumenische Bibel der Christen und Juden vorläufig wohl noch ein unerfüllbarer Wunschtraum ist, wenigstens soweit es um eine von den Kirchenleitungen verantwortete Übersetzung geht. Ich fürchte aber, auch in dieser Hinsicht wird bald von nichtamtlichen Stellen etwas geschehen, was sehr rasch die Verwendung unserer Einheitsübersetzung beeinträchtigen könnte. Sobald eine christlich-jüdische Bibel erscheint und entsprechend von Großverlagen propagiert wird, werden unsere Religionslehrer, unsere Pfarrer und Kapläne, unsere Leiter von Jugendgruppen danach greifen. Dennoch meine ich, daß wir uns über die Verbreitung unserer Einheitsübersetzung für die nächsten 20 Jahre keine allzu großen Sorgen machen brauchen. Seit den ersten Überlegungen zur Einheitsübersetzung sind jedoch 19 Jahre vergangen. Sollte man sich daher nicht auch schon jetzt wenigstens Gedanken machen, wie es in 20 Jahren weitergehen wird?

Nun obliegt mir nur noch die Pflicht, allen, die an der Einheitsübersetzung mitgewirkt haben, herzlich zu danken. Sie, Eminenz, bitte ich, der Deutschen Bischofskonferenz den Dank aller Mitarbeiter für das Vertrauen und für die großzügige ideelle und finanzielle Förderung der Arbeit zu übermitteln. Diese Aufgabe hat uns alle in vieler Hinsicht befruchtet, begeistert und uns auch wissenschaftlich angeregt. Herrn Weihbischof Plöger danken alle Mitarbeiter in der Revisionskommission für die loyale und fruchtbare Zusammenarbeit in einem guten persönlichen Klima. Allen Mitarbeitern habe ich als letztlich verantwortlicher exegetischer Redaktor zu danken für die unermüdliche Arbeit und für das ihnen oft schwergefallene Eingehen auf meine Änderungswünsche und Korrekturen. Allen Kritikern danken wir für die zahlreichen Anregungen und Verbesserungsvorschläge. Der Evangelischen Kirche in Deutschland danken wir für die ökumenische Zusammenarbeit im Psalter. Den Herren Professoren Groß und Westermann und allen anderen evangelischen Mitarbeitern am Psalter ist für das hervorragende Zusammenarbeiten bei der Erstellung eines ökumenischen Psalmentextes, der sich sehen lassen kann, ein herzliches Vergelt's Gott zu sagen. Gott danken wir zuletzt, daß er uns die Kraft gab, durchzuhalten, auch wenn es manchmal schwer war, und wir bitten ihn um Vergebung, wenn wir sein Wort nicht so wirkungsvoll wiedergeben konnten, daß es die Herzen trifft.

# 2. Die Überreichung an die Vertreter der Evangelischen Kirche und des Evangelischen Bibelwerks

Am Nachmittag des 20. Mai 1980 überreichten *Weihbischof Josef Plöger*, *Professor Scharbert* und *Professor Knoch* zwei kostbar gebundene Alte Testamente im Dominikanerkloster in Frankfurt an den Referenten des Rates der Evangelischen Kirche in Deutschland für die Einheitsübersetzung, Herrn *Oberkirchenrat Gundert*, in Vertretung des erkrankten Ratsvorsitzenden, Herrn *Landesbischof Eduard Lohse*, und an den *Generalsekretär* des Evangelischen Bibelwerks, Herrn *Siegfried Meurer*. Herrn Oberkirchenrat Gundert, der im April des Jahres aus seinem Amt ausgeschieden war, wurde zugleich als Zeichen der Anerkennung für seine persönlichen Verdienste um die evangelische Mitarbeit an der Einheitsübersetzung je ein ledergebundenes Altes und Neues Testament übergeben.

Die Übergabe der Ehrenexemplare fand im Rahmen der Mitgliederversammlung des Evangelischen Bibelwerkes statt.

*Professor Knoch*, der Geschäftsführer der Einheitsübersetzung, wies in seinem Grußwort auf die Bedeutung dieses Augenblicks hin, der einen wichtigen Abschnitt der Zusammenarbeit zwischen der evangelischen und der katholischen Kirche in Deutschland markiere: den guten Abschluß einer sich über Jahre hinziehenden und beide Seiten befruchtenden gemeinsamen Übersetzung des Neuen Testaments und der Psalmen. Diese Arbeit habe zugleich den Beweis erbracht, daß es bei der Übersetzung der Bibel keine unüberwindlichen konfessionellen Hindernisse gebe. Als besonders hoffnungsvoll sei zu werten, daß es gelang, sich auf gemeinsame Einführungen in die biblischen Schriften des Neuen Testaments und auf gemeinsame Anmerkungen zu einigen.

Er erinnerte daran, daß an diesem Ort die erste offizielle Begegnung von Vertretern beider Kirchen am 16. Juni 1965 statfand, bei der die katholische Seite die evangelische Seite eingehend über Zielsetzung und Stand der Arbeit an der Einheitsübersetzung informierte und zur Mitarbeit einlud, und daß die evangelische Seite diese Einladung zunächst ablehnte. Insofern sei es eine besondere Freude, gerade hier die dennoch zustande gekommene, erfolgreiche Arbeit gemeinsam beenden zu können.

Besondere Verdienste für das Zustandekommen dieser Zusammenarbeit trage das Evangelische Bibelwerk, das in vorbildlicher Weise sich für die Mitwirkung an der Einheitsübersetzung einsetzte. Vor allem sei hier der Herren *Professor DDr. Oskar Söhngen*, *Prälat Theodor Schlatter* und *Oberkirchenrat Wilhelm Gundert* zu gedenken. Letzterer habe als treuer Ekkart die Arbeit durch Höhen und Tiefen mitgetragen und beim Rat der Evangelischen Kirche mit Eifer, Umsicht und Tatkraft vertreten. So sei es vollauf angemessen, Herrn Oberkirchenrat Gundert und Herrn Siegfried Meurer, dem Generalsekretär des Evangelischen Bibelwerks, für ihre großen Verdienste um das Werk, zugleich aber in ihnen stellvertretend allen, die von evangelischer Seite zum Gelingen der gemeinsamen Arbeit beigetragen haben, aufrichtig zu danken.

Erwähnt wurden in diesem Zusammenhang noch eigens neben Landesbischof Lohse die *Landesbischöfe Kurt Scharf* und *Helmut Claß* und *Professor Ferdinand Hahn.*

Herr *Weihbischof Plöger* dankte im Namen des Vorsitzenden der Deutschen Bischofskonferenz, Kardinal Höffner, für die vorbildliche Zusammenarbeit und die großen Leistungen der evangelischen Mitarbeiter an der Einheitsübersetzung und sprach die Hoffnung aus, das gemeinsame Werk möge die Einheit unter den getrennten Kirchen fördern und zur Verlebendigung des Glaubens unter den Christen deutscher Sprache helfen.

Abschließend gab *Professor Scharbert* eine Übersicht über die Arbeit am Psalter und am Alten Testament und schlug vor, beide Kirchen sollten in nicht allzu ferner Zeit überlegen, wann und wie die Arbeit an einem vollauf ökumenischen Alten Testament (neben dem Psalter) aufgenommen werden solle, um durch private Unternehmungen von Großverlegern nicht »überrollt« zu werden.

Herr Oberkirchenrat *Gundert* gab seiner Freude über das gemeinsame Werk mit bewegten Worten Ausdruck und verwies darauf, daß das schwierige Unternehmen sichtbar von Gott geführt und von seinem Segen begleitet worden sei. Er dankte seitens der evangelischen Auftraggeber und Mitarbeiter allen katholischen Verantwortlichen und Mitarbeitern für die so erfreuliche und anregende Zusammenarbeit.

Herr *Dr. Meurer* teilte zuletzt mit, das Evangelische Bibelwerk habe beschlossen, eine Ausgabe des Alten Testamentes in der Deutschen Bibelstiftung zu verantworten, um so auch diese Teile der Einheitsübesetzung den evangelischen Christen zugänglich zu machen.

# 3. Die Überreichung an Kardinal König

Am 6. Juni wurde ein festlich gebundenes Exemplar des Alten Testaments durch Professor Knoch dem Vorsitzenden der Österreichischen Bischofskonferenz, Herrn *Kardinal Franz König*, im Rahmen einer kleinen Feier im Erzbischöflichen Haus in Wien übergeben. Das Österreichische Katholische Bibelwerk hatte zu dieser Feier neben den österreichischen Mitarbeitern an der Einheitsübersetzung auch die Presse, den Funk und das Fernsehen eingeladen.

Nach einer Begrüßung durch *Dr. Norbert Höslinger*, den Sekretär des Österreichischen Bibelwerks, dankte *Professor Knoch* als Geschäftsführer der Einheitsübersetzung und als Beauftragter der Katholischen Bibelanstalt Herrn Kardinal König für sein Interesse an der Einheitsübersetzung und die stetige Förderung des Unternehmens von Anfang an. Er überbrachte auch die Grüße und den Dank des Vorsitzenden der Deutschen Bischofskonferenz, Kardinal Höffner, und des Vorsitzenden der Katholischen Bibelanstalt, Prälat Anton Schütz. In den Dank einbezogen wurden auch alle österreichischen Übersetzer und Mitarbeiter an der Einheitsübersetzung.

Herrn *Weihbischof Alois Stöger*, den Beauftragten der Österreichischen Bischofskonferenz für die Einheitsübersetzung, der durch Krankheit an der Teilnahme verhindert war, wurde das Ehrenexemplar von Stuttgart aus übersandt.

Herr *Professor Josef Scharbert* berichtete knapp über die Übersetzungsarbeit und die Eigenart der Endfassung des Alten Testaments und machte auf einzelne wichtige Gegebenheiten aufmerksam (nicht voll ökumenisch; Nichtbeteiligung jüdischer Übersetzer; Einheitlichkeit; Kommentierung der Psalmen; Einzelfragen).

Anschließend dankte *Kardinal König* allen Verantwortlichen und Mitarbeitern für ihren Beitrag zur Einheitsübersetzung, verwies auf die Aussagen des Konzils über die Bedeutung des Alten Testaments für Glaube und Frömmigkeit der Christen (s. Verbum dei) und gab seiner Hoffnung Ausdruck, die neue Übersetzung trage dazu bei, die katholischen Christen mehr und mehr mit der Botschaft dieses Buches vertraut zu machen.

Daran schloß sich eine *Aussprache* mit den anwesenden Journalisten an, die Dr. Höslinger leitete. Gefragt wurde nach wichtigen Veränderungen gegenüber der vorläufigen Fassung, nach den Wünschen der katholischen Bischöfe an die Übersetzung; nach dem Ansehen dieser Übersetzung bei nichtkatholischen Fachleuten; nach den Gründen für die Zurückhaltung der evangelischen Kirchen bei der Mitarbeit und für das Fehlen der Juden; nach den endgültigen Fassungen einzelner bedeutsamer Stellen (z. B. Jes 7,14: »die Jungfrau wird ein Kind empfangen«); nach den Unterschieden zwischen wissenschaftlichen und seelsorglichen Übersetzungen der Bibel und nach den Prinzipien katholischer Übersetzungen.

Anschließend folgte ein kleiner Empfang durch das Österreichische katholische Bibelwerk.

Bei der kleinen Feier war auch das Österreichische Fernsehen vertreten. Am Nachmittag hatte bereits der Österreichische Rundfunk ein Informationsgespräch mit Dr. Höslinger und Professor Scharbert aufgenommen, das in den Morgennachrichten des folgenden Tages ausgestrahlt wurde.

# IX. AUSBLICK

Ein abschließendes Urteil über die Eigenart, den Wert und die Bedeutung dieser Übersetzung wird sich erst nach geraumer Zeit treffen lassen. Doch kann bereits jetzt festgestellt werden, daß die neue Übersetzung bei katholischen und nichtkatholischen Christen, aber auch bei Menschen, die den Kirchen fernstehen, auf ein ungewöhnliches Interesse stieß. Dies läßt sich bereits an den Auflagenzahlen des Neuen Testaments ablesen. In der Zeit zwischen dem 1. Oktober 1979 und 1. Juli 1980 wurden ohne besondere Werbung rund 300 000 Exemplare abgesetzt.

Auch die Nachfrage nach Lizenzen ist groß. Die Katholische Bibelanstalt wird noch eine preiswerte Standardausgabe des Alten und des Neuen Testaments in einem Band veröffentlichen, wobei wie bisher auf gute typographische Gestaltung geachtet werden wird. Daneben werden Lizenzen für verschiedene Bibelausgaben an interessierte und berührte Verlage vergeben. Preiswerte Gesamtausgaben der Übersetzung für verschiedene Lesergruppen befinden sich in Vorbereitung.

Außerdem sind die Vorarbeiten für eine Konkordanz zur Einheitsübersetzung angelaufen.

In die Neuausgaben der liturgischen Bücher wird künftig fortlaufend die endgültige Fassung der Einheitsübersetzung aufgenommen werden.

Es wird nun die Aufgabe der Verantwortlichen beider Kirchen sein, dafür zu sorgen, daß viele Menschen deutscher Sprache nach dieser Übersetzung greifen.

Möge das Wort Gottes durch diese Übersetzung die Herzen vieler Menschen deutscher Sprache neu erreichen und dazu bewegen, sich der Liebe Gottes zu öffnen, die alle Menschen retten will.

BILDNACHWEIS

KNA, Frankfurt (Umschlag, S. 35); Eugen Krehs, Wien (S. 83); Dieter Hirsmüller (S. 95, 96).